カーサの猫村さん 旅の手帖

ほしよりこ

もくじ

旭川 (p037)
札幌 (p159)
角館 (p088)
平泉 (p149)
喜多方 (p148)
会津若松 (p148)
松本 (p093)
上野 (p159)
銀座 (p053)
築地 (p063)

猫村さん 旅の足あと

松江(p156)
(p155)出雲
京都(p027)
(p080)萩
奈良
(p151)
(p134、143)倉敷
高松
(p140)
丸亀
(p128、132)
牟礼
(p124)
琴平
(p128)
沖縄(p037)

中国・四川省の
パンダ村へ行く!?

臥龍

Wolong

フワフワのパンダの赤ちゃんが18頭！　取材班が大集合写真を撮影できたのが、四川省、臥龍《がりゅう》自然保護区内にある世界最大のパンダ保護研究センター〈中国保護大熊猫研究中心〉。……この大集合写真、実は別の意味でも今、非常に貴重なものになっています。

撮影後の08年5月12日、中国ではマグニチュード8の四川大地震が発生。震源地から10㎞圏内にあった同センターは大きな被害を受け、移転を余儀なくされました。新拠点は約22㎞離れた「耿達郷神樹《こうたつきょうしんじゅ》坪《つぼ》」、工事はすでに始まり、12年末には開園予定。新センターは従来の20倍の約67ha。パンダの繁殖にかけてはNo.1を誇るセンターがさらにパワーアップするはず。負けるなパンダたち！

成都

Chengdu

取材班が4頭の赤ちゃん写真を撮影した、成都市内にある〈成都大熊猫繁育研究基地〉。生息地で活動する臥龍自然保護区内のパンダ保護研究センターに対して、繁育基地は都会を舞台に人工繁殖に尽力。研究活動のほか、自然保護教育を目的に人工繁殖で生まれたパンダたちを一般公開している。

成都市内から車で5時間近くかかり、まだ秘境感が漂う臥龍自然保護区に比べ、手軽に何十頭ものパンダに会えるのが魅力。ちなみにパンダの出産期は夏、赤ちゃんが成長して一般公開されるのは秋以降なので、旅するならそのころが狙い目です。

ガラス張りの飼育室をのぞくと、赤ちゃんパンダのハイハイや「たっち」が見られ、たまらない……。

中国保護大熊猫研究中心

1983年、WWFと中国政府の協議のもと、パンダの保護研究を目的に、四川省の北西部「臥龍自然保護区」内でスタート。90年代から50頭余りのパンダが一般公開されるように。2008年四川大地震で大きな被害を受け、撮影時にはあった飼育棟も倒壊。現在、拠点を移しての再開に向け、工事が続く。開園は12年末の予定。新拠点も自然保護区内にあり、海抜は1,500〜2,000m。そんな同区はパンダ本来の生息地で、元気いっぱいのパンダに再会できるはず。

成都大熊猫繁育研究基地

1987年、竹の大量枯死で絶滅の危機に陥った野生パンダを救う目的でスタート。研究活動のほか、人工繁殖で生まれたパンダを一般公開。赤ちゃんのほか園内では常時30頭前後のパンダが見られ、博物館などの関連施設も併設。最近は、パンダを自然に帰すプロジェクトにも注力。パンダとの記念撮影も可能（約３分1,300元）。●中華人民共和国四川省成都外北熊猫大道1375号☎(86)28・8351・0033。８時～17時30分（土・日～17時）最終入場。無休。入場料58元。

ちょっと〜 皆〜 イロイロ アレして
アレ よっしく!!
あら、編集長さん 大きなおかばん…
ひょっとして また外国かしら…
編集長さん、また外国へ行かれますの?
そうなのよー パンダの取材なのよ
猫村さん パンダの事 勉強しながら お留守番よろしくね
パンダ?

ミトミさん、
編集長さんはパンダの
取材に行かれたん
ですけど、
パンダって
何の事かしら
私、勉強しながら
お留守番
するん
ですの
あーパンダね、
本があるから見せて
あげるよ
NECO

パンダは猫村さんの
遠い親戚なんだよ
大熊猫って
言うんだよ
おお
くまねこ…
大熊猫

私は生まれつき
頭のてっぺんと肩の
とこ黒いけど、
パンダは生まれつき
目のとこと耳と
両方の手と足
と肩のとこ
黒いのねっ!
本当に親戚に
思えてきちゃったわっ!

笹を食べるのね
笹入りのネコムライス
作ったら
食べるかしら……
お昼寝が大好きな
ところも
そっくりねー
ゴロン
ゴロン

次の日
猫村さん、編集長からデジカメで撮ったパンダの赤ちゃんの写真届いてるよ
えっほんとっ!?
赤ちゃんっ!!
すくっ
"パンダの赤ちゃんは「ク～ンク～ン」と鳴きます"だってさ
まあっ!!
編集長中国でも首かざり買ったらしいよ

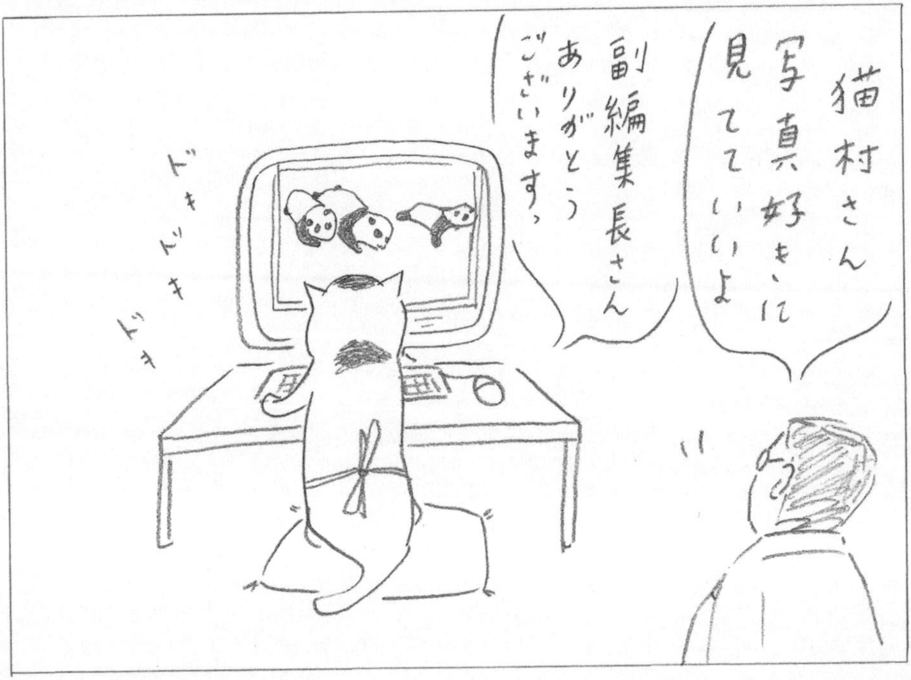
猫村さん
写真好きに
見てていいよ
副編集長さん
ありがとう
ございます。
ドキドキドキ

赤ちゃんのパンダは
首のとこ持つのかしら…
やっぱりぐずったら
あやしたり
するのかしら…
NECO
NECO

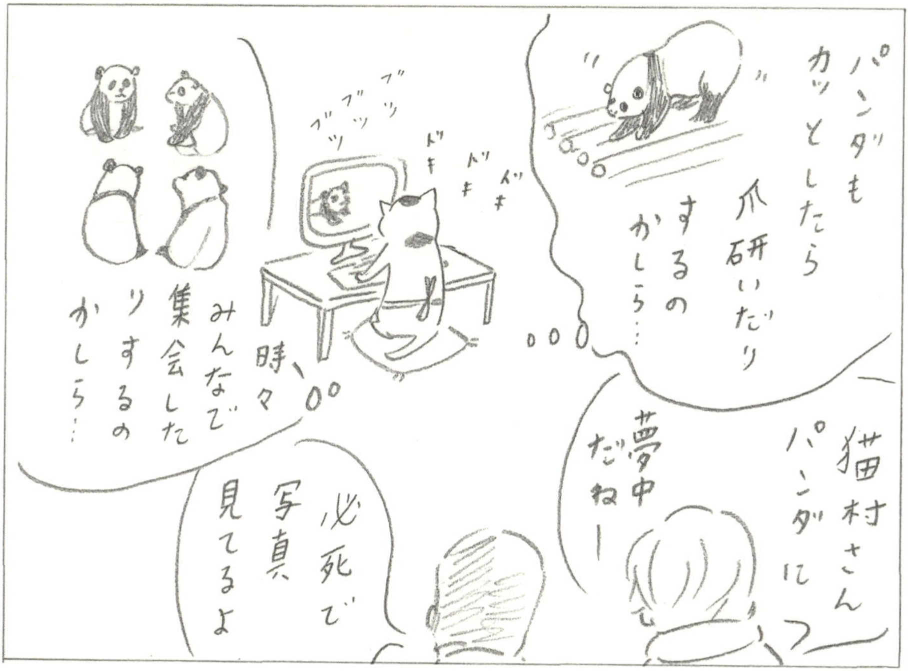
パンダも
カッとしたら
爪研いだり
するの
かしら…
ドキ
ドキ
ドキ
ブツ
ブツ
ブツ
時々
みんなで
集会したり
するの
かしら…
猫村さん
パンダに
夢中
だねー
必死で
写真
見てるよ

3日後
猫村さーん
ただいま
お土産買って
きたわよー
編集長さーんおかえりなさい
パンダの勉強して
パンダの
気持ちに
なって
お留守番
してたんですの

本家本元・四川省で見るパンダ、楽しさがこんなに違います。

人工繁殖で実績を挙げている四川省の２施設は、
だれもが骨抜きにされちゃうパンダの楽園でした！

突然ですが、好きな人の故郷を初めて訪れ、彼のことがもっとわかり、もっと好きになり……。パンダファンにとって、四川省への旅はきっとそんな感じに近いのではないでしょうか。

中国全土で１５９０頭余りしか生息していないといわれる稀少な野生のパンダ。その生息地約1万㎢の80％を占める四川省は、言ってみれば大昔からパンダが生活してきた彼らの故郷なのです。

さて四川でパンダを見るべきスポットは2つ。成都市内の〈成都大熊猫繁育研究基地〉と、成都から車で約5時間の臥龍自然保護区内の〈中国保護大熊猫研究中心〉。どちらもまず特別なのは、赤ちゃん＆元気いっぱいの幼児パンダに会える可能性があること。

実は両組織は、もともと観光目的でなく、パンダの保護研究を目的に80年代にスタートしました。ともにパンダの遺伝的多様性を保つため人工繁殖に力を注ぎ、これまでに成都、臥龍とも１００頭を超えるパンダが誕生しています。

この研究の場が自然保護教育の目的で徐々に一般公開されるようになったのが事の経緯ゆえ、パンダが育つ様子を見るのには世界一ふさわしい場所といえます。どちらでもほぼ毎年、夏の出産期から秋冬にかけて人工飼育室の窓越しに、飼育員の世話を受ける赤ちゃんを見ることができるのです。

成都のパンダ繁育研究基地では、このほか敷地内にパンダ博物館やパンダの子育てビデオが見られる「熊猫魅力劇場」、パンダポストカードが出せる郵便局などが揃い、パンダのテーマパーク状態！　東京ディズニーランドの約半分の敷地は広大なので、カートを使って効率よく回るのがおすすめです。

もう一方の、臥龍の中国保護大熊猫研究センターは、ワイルドさが魅力。06年7月、野生のパンダの生息地としてユネスコ世界自然遺産に登録されたこの地は、まさに彼らの故郷。パンダの生き生き度が違います！

08年5月12日の四川大地震で大きな被害を蒙った同センターは、現在、22㎞離れた「耿達郷神樹坪」に拠点を移し、再開のための工事が続いています。新拠点は安全な地盤が選ばれ、20倍の規模になる予定。12年12月末に予定される再開は、パンダファンとしては、心から応援したいですね。

パンダと記念写真を撮ったり、1歳児が集団で遊ぶフィールドに入れるなど、以前からスペシャルな体験ができた同センターだけに、再開後のパワーアップに超期待！したいです。

近年では、人工繁殖に実績のある2拠点とも、育てたパンダたちを野生に戻すプロジェクトに特に力を入れています。12年春には、成都のパンダ繁育研究基地で産まれた6頭が自然に戻るトレーニングに入ったというニュースが、中国国内で大きく報道されました。自分の見たパンダの赤ちゃんが、もしかしたらやがて、四川の山に帰っていく！

そういう意味でも、パンダ好きなら死ぬまでに一度は四川を訪れたいですよね！

パンダって全然くさくないわっ！

愛されてスクスク育ってます。パンダの赤ちゃん。

生まれたてのパンダの赤ちゃんは、身長10㎝、体重100ｇ前後。手のひらに乗るくらい小さくて、白黒の毛も生えていない未熟児状態で産み落とされる。とてもデリケートな命を人工繁殖のスタッフは、24時間体制で見守り、育てる。臥龍でも成都でも、赤ちゃんはもちろんだけど、飼育員の人たちの様子が見られるのが、またいい感じ。丁寧なようでいて、たまに結構ラフな扱いもあったり、大陸らしい大らかさが素敵です。

祥佑科技
XY-9616P

本場四川で見つけました、アノニマス・パンダデザイン。

本物がたっくさんいるだけでなく、
パンダデザインの宝庫、四川。
その神髄はゆるさにあり、と見つけたり。

成都の国際空港を出て、街を巡り、臥龍自然保護区へ。その旅の途中の楽しみは、やっぱりパンダグッズです。まずは空港の時計台のパンダに迎えられ、大興奮！車が街に向かうと、タクシーのボンネット、街頭広告、ガードレールと次々にパンダが見つかる、見つかる。パンダの街に来たんだ〜としみじみ実感できます。

目にするたび「あ、パンダ！」と叫ぶだけで移動の疲れも吹き飛ぶ、この「効き」の良さは不思議なほど。

その理由を考えてみると、これほどにあふれるデザイン、みな別にデザイナーのクレジットがあるわけでなく、要するにアノニマス・パンダ。街の人たちがテキトーに作ったゆる〜い感じが、またパンダのキャラとぴったりで、なんとも味があるのです。時には、白黒の模様の位置が間違ったパンダなんかが売店で見つかるのも、ご愛嬌。パンダデザインの神髄はゆるさにあり、と心から納得できる数々の傑作がここに大集合！

Basic Navigation

成都双流国際空港を出ると時計台のパンダがゆっくり回転しながらお出迎え。空港から市内中心部まで車で約30分、ワクワクの旅の始まりです。

成都市内の金河路、中央分離帯の代わりに、上下車線の中央に置かれたパンダレール。とお〜くまでズラーッとパンダの顔が続き、壮観です。

ひろ〜い成都の繁育研究基地ではぜひカート利用を。10元のチケットで何回でも乗り降り可能。まず一番奥の人工飼育室に行ってしまうのも手。

成都の基地で、飼育員の作業着にも当然、パンダがありました。ちょっとデザイン入ってますが、いきすぎない適当さがいいかも。

臥龍の大熊猫倶楽部の終生会員会員証。会員になると有効期間中、パンダとの記念撮影などが可能。再オープン後の特典再開を期待！

成都の基地の正面ゲート前に食料品や雑貨とパンダ土産を一緒に売ってる店がありました。品揃えの豊富さはさすがに本場ならでは、壮観です！

取材時に宿泊した臥龍山荘。アメニティーやコースターなど部屋の備品にパンダマークがぎっしり。野菜中心の食堂メニューも美味でした。

臥龍のセンターの正面ゲート前にはパンダグッズの屋台が林立。びっくりの安さの価格破壊系。取材時にはビーズサイフ20元、バッジ5元など。

成都、基地の正面ゲートから徒歩7〜8分のレストランのメニューにあった「熊猫戯竹」。メレンゲのパンダが好物のタケノコを見つめるデザイン。

タクシーのボンネットにもパンダマークが。基本料金1㎞まで8元、その後は1㎞につき1.9元ととっても安い。空港から市内まで60元前後が目安。

臥龍のパンダ保護センター内の「大熊猫苑」正面ゲート。四川大地震で崩れてしまったので貴重な記録の写真となりました。

成都の基地では職員の机にも愛らしいパンダデザインがついてるのを発見。ゆがんだパンダはアノニマスゆえに生まれた傑作。

成都の基地。お昼に行ってみたい敷地内の食堂（11時30分〜17時）。メニューは普通の四川料理ですが、椅子にはパンダ、しっかりついてます。

今はなき、臥龍の大熊猫苑の入場チケット。半券をもぎった後、絵ハガキとして使えるようになっていました。成都でも同様の絵ハガキを販売。

臥龍の大熊猫苑から車で10分ほどのところにあったパンダ博物館。パンダ関連の展示が充実。大震災で被害を受け、現在閉館中。再開を期待！

成都の琴台路にはパンダグッズのお店がズラリ。左手前から時計回りに／トランプ、ティーセット、パンダ付きの四川のタバコ《嬌子》《熊猫香煙》。

成都はスターバックス（中国語名〈星巴克〉、東御街19号。7時30分〜22時）もある大都会。パンダマグカップ90元は成都だけのオリジナルグッズ。

成都のディナーはヌーベル四川の〈喩家厨房〉で。●下同仁路窄巷子43号☎(86)28·8669·1975。コースのみ、2人1,000元〜（人数増で割安に）。要予約。

猫村さんの旅じたく 1

リュックは荷物がたくさん
入るし、両手が空くので
便利です

リュックをお座ぶとん
がわりにして
休憩する
時も
あります

はじめての取材！
京都へ行く。

はじめての出張

猫村さん、日本の建築の取材しなきゃいけないんだけど…京都まで取材つき合ってもらえるかしらっ
編集長さんっ私が取材に?!?
日本の建て物

出張って事になるからイロイロアレだけどよろしくね
しゅ出張っ!!
すくっリ
よ、よろしくお願いしますっ

出張ってゆーとなんだか一人前の気分ねっ
きんちょうするけど……
しっかりお仕事しなきゃっ
ギュウ

お庭も京都の街も全～部見えますわねっ
ほんと気持ちいいわね

修学院離宮

遠くの山が見えますわよっ

←一つ
←二つ
三つ
「一二三石《ひふみいし》」って言うんですって
猫の足跡みたいねー

修学院《しゅがくいん》離宮《りきゅう》

後水尾上皇が1656年～63年に造営した総面積54万㎡の離宮。最大の見どころはダイナミックな景観構成。●京都市左京区修学院藪添☎075・211・1215。見学は事前申し込み。参観無料。http://sankan.kunaicho.go.jp

曼殊院《まんしゅいん》 本堂（大書院）・書院（小書院）

良尚法親王《りょうしょうほうしんのう》により江戸時代初期に造営された書院建築。庭園は遠州好みで、水の流れを白砂で表現した枯山水。重要文化財。●京都市左京区一乗寺竹之内町42☎075・781・5010。9時〜16時30分最終受付。無休。拝観料600円。

曼殊院《まんしゅいん》 八窓軒《はっそうけん》

８つの窓で巧みに光を操作した、幻想的な三畳台目茶室。躙口《にじりぐち》上の「虹の窓」は光の回折現象により色が浮かぶ。重要文化財。●京都市左京区一乗寺竹之内町42☎075・781・5010。拝観料別途1,000円。要予約。

高台寺 時雨亭

高台寺 傘亭《からかさてい》・時雨亭《しぐれてい》

桃山〜江戸時代初期の茶の湯成立以前の自由な形式による茶屋。千利休作との説もあるが確証はない。傘亭、時雨亭、共に重要文化財。●京都市東山区下河原町526☎075・561・9966。9時〜17時受付終了。無休。拝観料600円。

ついに猫村さんも出張することになりました！　任務は京都でカーサおすすめ日本建築コースを取材する編集長のお手伝い。

まずは別荘地・東山へ。桂離宮を作った八条宮の兄、後水尾上皇による〈修学院離宮〉。上中下の3つの御茶屋（庭園）からなり、比叡山をはじめ周辺の山々を借景とする。その規模はちょっとしたテーマパーク並み。中御茶屋の書院造による客殿や、上御茶屋に点在する茶亭のデザインも面白い。〈修学院離宮〉に隣接する〈曼殊院〉。屋根は大・小書院ともに軽快な柿葺き《こけら》。小書院は、約10種の寄せ木で作られた「曼殊院棚」や富士をかたどった釘隠しなど、粋を集めたデザインが散見できる「小さな桂離宮」だ。

〈曼殊院 八窓軒〉は、内部に入れる貴重な茶室。躙口《にじりぐち》上の窓は「虹の窓」と呼ばれ、光の回折現象により虹のような色が浮かぶ。光が直接当たる壁はイカの墨を入れたといわれる墨色のすさ壁を使用し、窓の多さに対して暗く一定

こっちから
見ると
また全然
違って見える
わねー
あら、編集長
さん、たたずんで
らっしゃるわ……
重森三玲邸

重森《しげもり》三玲《みれい》邸 書院・庭園

昭和を代表する作庭家の自邸。江戸中期の社家をもとに、2つの茶席と庭を三玲が手がけた。登録文化財。●京都市左京区吉田上大路町☎075・761・8776。月曜休。見学料600円。要予約。http://www.est.hi-ho.ne.jp/shigemori/

した光が室内に充満する。

　茶都でも稀少な「見学できる」茶室としては、茶の湯が成立する以前の茶屋〈高台寺 傘亭・時雨亭〉も必見。竹を放射状に組んだ屋根による素朴な雰囲気の傘亭と、軽やかな2階建て・時雨亭。対照的な茅《かや》葺きの建物を吹き放しの廊下でつないでいる。

　時代は一気に現代へ。昭和が誇るモダン庭の名人の自邸〈重森三玲邸〉は吉田神社の社家《しゃけ》〈神主の家〉を1943年に譲り受け、無字庵と好刻庵の2つの茶席と作庭を三玲が手がけた。前庭の枯山水は晩年の作。徳島産の青石の使い方は、松尾大社松風苑などにも見られる三玲のトレードマーク。

　最後は洛西の〈西芳寺〉へ。夢窓疎石による庭園は2段構えで、下段の起伏に富む池泉回遊式庭園は平安時代の指南書『作庭記』に基づく自然風景を模したもの。上段は鋭い稜線の石で組まれた雄大な石組み「洪隠山枯滝石組《こういんざんかれたきいわぐみ》」を中心とする、枯山水の原型。その後の庭園様式を一新した。

西芳寺 庭園

西芳《さいほう》寺《じ》 庭園

庭園一帯を覆う苔の美しさから「苔寺」と呼ばれる。作庭は鎌倉時代の禅僧・夢窓疎石。特別史跡・特別名勝、世界遺産。●京都市西京区松尾神ケ谷町56☎075・391・3631。冥加料3,000円以上。往復ハガキで申し込み。

京都 MAP

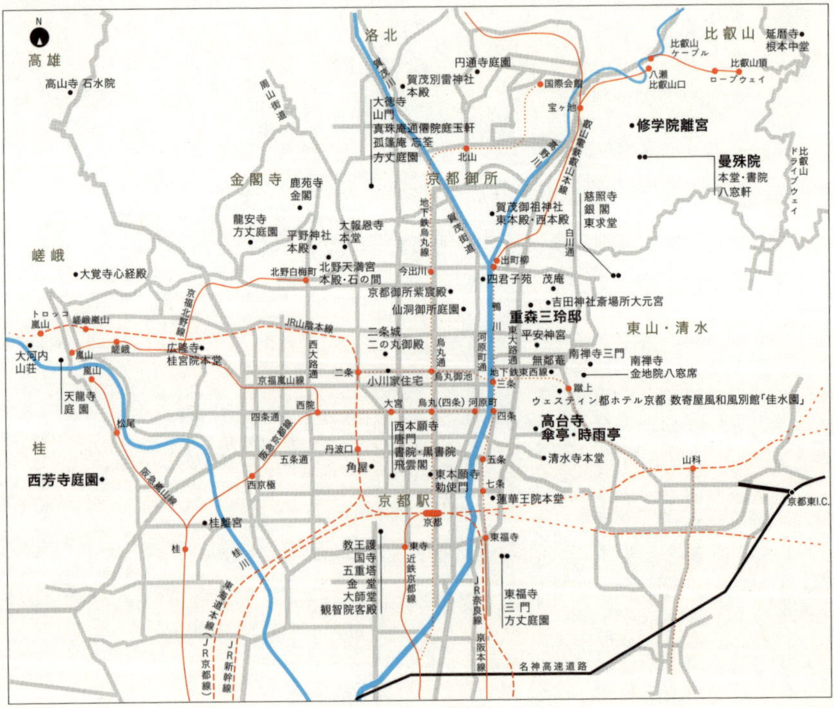

ー京都出張日記ー
日本には木が沢山あり
ますので、木でできた
建《けん》築《ちく》がたくさんあります。
紙でできた
窓も
あります。
そして石ですが
石をおいただけに
見える庭もありました。

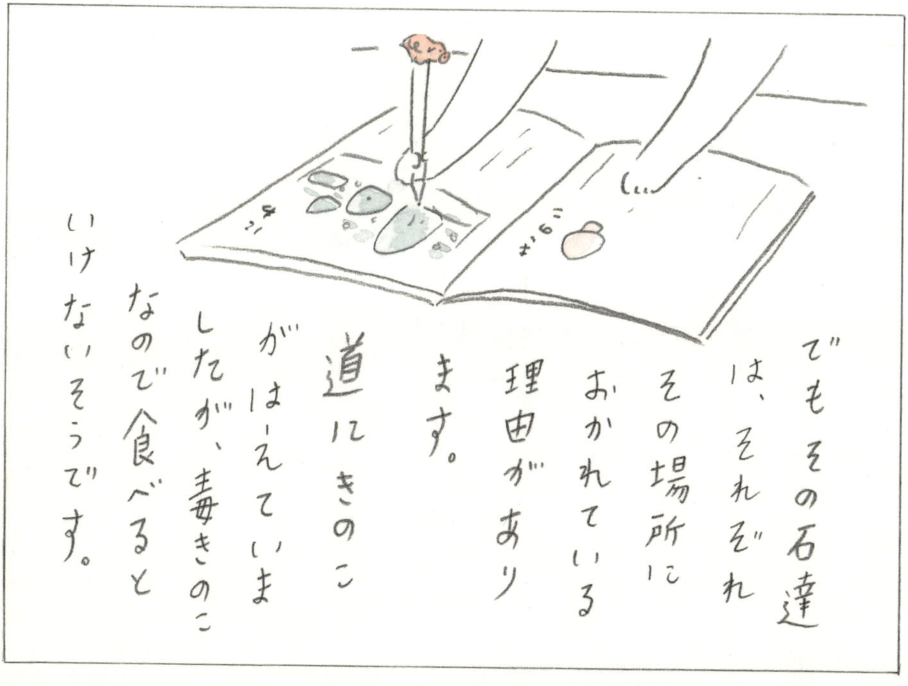
でもその石達
は、それぞれ
その場所に
おかれている
理由があり
ます。
道にきのこ
がはえていま
したが、毒きのこ
なので食べると
いけないそうです。

編集長さんは上等の首かざりを買って帰られました。おわりー
どぉかしらっ？
数珠
ステキですわ〜

あら、きのこ！

旭山動物園・
美ら海水族館へ行く。

最北の動物園＆最南の水族館へ行く。

今回の旅の目的地は、猫村さんと行く日本最北の動物園＆最南の水族館。動物本来の姿を見せる〈旭川市旭山動物園〉では、チンパンジー母娘がお散歩するところに遭遇（写真左）。日本最大のアクリルパネルを持つ〈沖縄美《ちゅ》ら海《うみ》水族館〉では、全長約8.5mのジンベエザメがエサを食べる姿にびっくり（写真右）。飛行機を乗り継ぎ、北海道から沖縄へと飛び回る、プチ欲張りな『カーサの猫村さん』どうぶつスペシャルの始まりです。

一緒にお散歩してるみたいだわっ

北海道

旭川市旭山動物園

アクリル板を多用した展示室や、
「もぐもぐタイム」など、
独自の「行動展示」で知られる動物園。
新プロジェクトも続々進行中。

野生本来の行動を引き出す構造の施設や、餌を狙う本能的な行動が見られる「もぐもぐタイム」など、独自の「行動展示」で人気の同園。動物の側から見ると、人間の存在が刺激になって退屈しない、という面もあるようです。

「いずれも動物の生活スタイルを優先した結果です」と小菅正夫園長（当時）。「08年夏前には〈オオカミの森〉をオープン。その後もキリンやカバ、ゾウなど大型動物の施設を整備していきます」

北の動物が元気いっぱいな冬にも訪れたい動物園です。

旭川市旭山動物園

●北海道旭川市東旭川町倉沼☎0166・36・1104。9時30分～16時15分入園（冬期は10時30分～15時入園）。12月30日～1月1日、4月上旬～下旬、11月上旬～下旬休。入園料800円。旭川空港から車で30分。

写真左上から時計回りに／餌を目がけダイブするホッキョクグマ。その後ろ姿。シロフクロウは北極圏で最大の猛禽類。ネコ科最大の動物といえばライオン。オランウータンの母子は生後３か月（当時）の赤ちゃん連れ。頭上で眠るアムールヒョウの肉球を観察。チンパンジーと人間の目線が間近になるデザイン。ヒトとアザラシが円柱水槽で互いに観察。ペンギンの泳ぐ姿が飛ぶように見えるアクリルチューブ。観客の窓を強力にパンチすることもあるヒグマ。

沖縄県

沖縄美ら海水族館

サンゴ礁の浅瀬から深海へと順に、
沖縄の海を再現した水族館。
水量約7,500トンの大水槽は、
海中散歩の気分になれます。

ダイエット中なんですって
あら
女の子は気にされるのかしら、やっぱり

沖縄美《ちゅ》ら海水族館

●沖縄県国頭郡本部町石川424（海洋博公園内）☎0980・48・3748。８時30分〜17時30分入館（３月１日〜９月30日は〜19時入館）。12月第１水曜とその翌日休。入館料1,800円。海洋博公園は無料。那覇空港から車で２時間。

色とりどりのヒトデやナマコに触れるタッチプールに始まり、鬱蒼としたサンゴの森、そして頭上をジンベエザメやナンヨウマンタが悠々と泳ぐ巨大水槽へと、徐々に水深が深くなる展示構成。飼育下での世界初の繁殖例が数多く、学術的にも注目されています。

「アクリルパネルや濾過槽、建築技術の３つが発達したことで実現した水族館ですが、大切なのは飼育の中身。ぜひ繁殖を成功させたい」と内田詮三館長（当時）。

２００８年と09年には水槽内で、待望のマンタが誕生しました。

写真右／ジンベエザメは給餌（水槽上からの給餌見学は一般非公開）の際にオキアミやサクラエビなどを約100リットルの海水とともに吸い込むが、水槽内の生き物は食べない。左列上から／大水槽の正面アクリルパネルは高さ8.2m×幅22.5m×厚さ60cm。海洋博公園では沖縄近海に生息のウミガメ５種類を飼育。入館して最初の展示はサンゴ礁の浅瀬を再現したタッチプール。海洋博公園のバンドウイルカ、フジの人工尾びれプロジェクトは映画にもなった。

あれ、編集長さん お出かけ？ ぶ厚いコート ちょっと暑くないかしら…
一体どこに行かれるのかしら…

あら、今度は色つきメガネと水着かしら、寒くないかしら…

さ、猫村さん出張行くわよっ!
えっ!! 私もですの??!
北海道と沖縄!! 猫村さんは猫だから!
着がえ簡単でいいわねー

わ〜〜!! いいわね! 北の大地は!
あ〜 飛行機こわかったぁ…

はっ、こ、こんな近くに…
ドキドキドキ

コツン
あら、イタズラしたらしかられてー親子ってどこでもそうなのねー

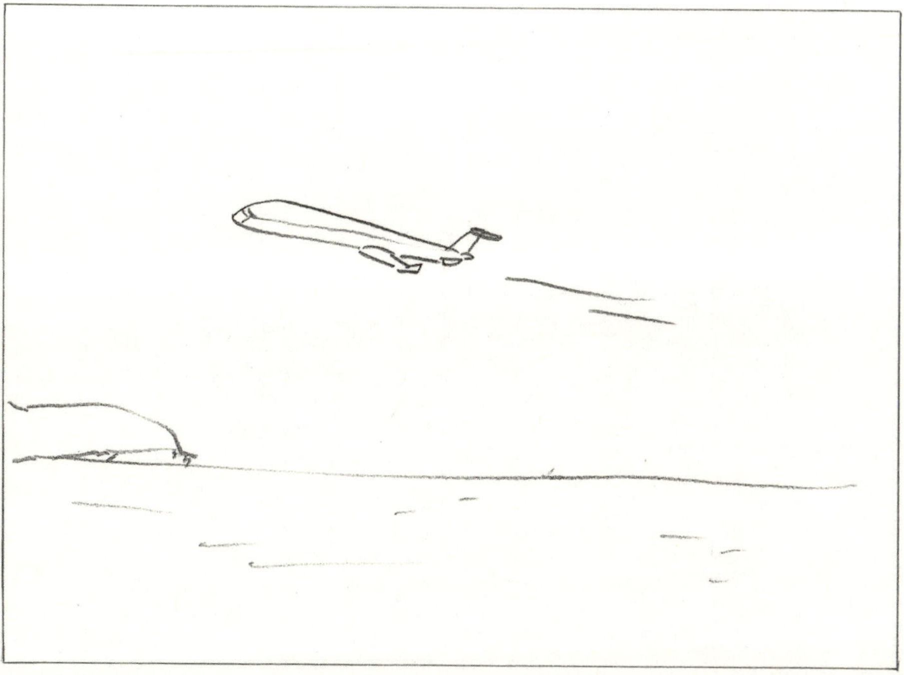

あ〜
飛行機
こわかったー
いいわねー
常夏の
楽園は！

ヒトデって
なかなか
さわり心地いいわねー
こ、これ
生き物
なんですのっ！？
はっ
動いたわっ
つん

すごいわね、サメの歯って!!
これにかまれたら…
海っていろんな生き物がいるのよね

バイトさーん
ただいまー
猫村さーん
おかえりなさーい

どうでしたか、出張は？
寒かったり暑かったりしたのよー
これお土産よ、沖縄の浜辺で拾ったの
あ、貝ガラ

こうやって耳にあてたら海の音がするんですの 海にはい〜っぱい不思議な生き物がいるんですよ
さー さっそく イロイロ 100回!!
へー

サインやグッズの
プチなデザインも、見つけました。

動物園・水族館のもう一つの見どころが、
サイン類やお土産のデザイン。旭山では
元飼育係の絵本作家、あべ弘士の作品多数。
美ら海では施設のデザインにも目を向けて！

〈チンパンジーの森〉などでは、あべ弘士の木彫り動物が誘導看板に。（旭）

海洋博公園〈ウミガメ館〉外壁に、こんなデザインのモザイクタイル。（美）

あべ弘士イラストのエコバッグ630円。旭山動物園くらぶ売店にて。（旭）

あべ弘士イラストの手ぬぐい840円。旭山動物園くらぶ売店にて。（旭）

海洋堂フィギュア６種（動物看板付き）各300円。正門・東門にて。（旭）

いろいろな動物と、一緒にゴロゴロしてみたい！『きょうの猫村さん』でご奉公中の犬神家では、犬のステテコとゴロゴロできたし、本書の「中国・四川省のパンダ村へ行く⁉」ではパンダの赤ちゃんの写真を見て、抱っこしてみたいと思っていた猫村ねこ。

今回の出張では、旭川市旭山動物園でチンパンジーやオランウータンの子供を間近で見ることができたり、沖縄美ら海水族館では巨大なジンベエザメの食事シーンにびっくりしたり。一緒にゴロゴロするのは無理でしたが、動物園や水族館はやっぱり楽しいもの。

それもそのはず、旭山動物園も沖縄美ら海水族館も、入場者数はだんぜんトップクラスなのです。

両方に共通するのは、動物が快適に過ごせることを最優先した飼育・展示方法。旭山では「行動展示」、美ら海では「沖縄の海の自然環境を再現した展示」と呼ぶこの考え方が、人間にとっても楽しい動物園・水族館を生み、今や世界のお手本になっているのです。

猫村さんの旅じたく 2

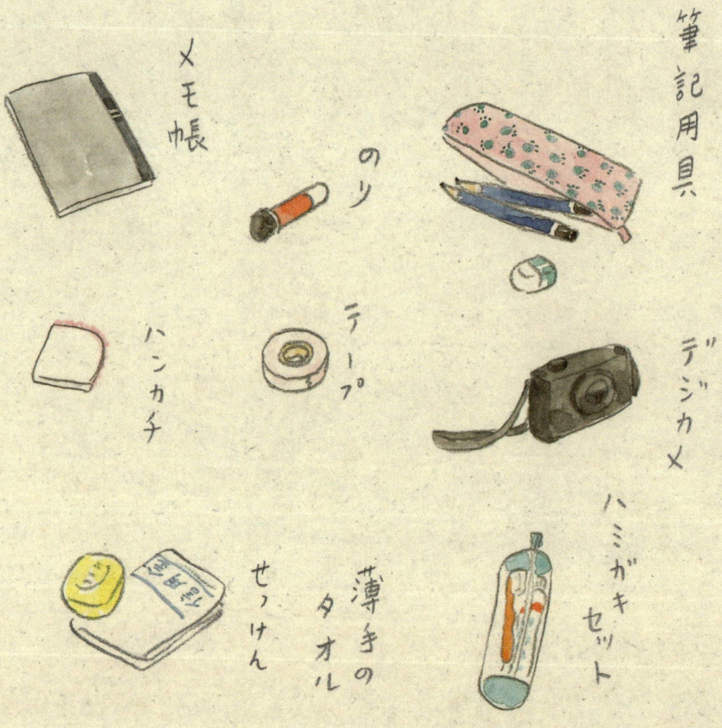

銀座へおつかい。

配達しながら
建築の事
勉強しちゃった
静岡新聞
静岡新聞SB
KIRIN

ギャラリー案内

静岡新聞・静岡放送東京支社
丹下健三（1967年）

銀座の西端で高速道路や新幹線を見下ろすランドマーク。円柱形の「幹」にエレベーターや階段、トイレなどのインフラを集中、キャンティレバーで「葉」のように取り付くオフィス空間を設備的にも構造的にも支える。海外では、同年竣工の〈山梨文化会館〉同様、メタボリズムの文脈で紹介されることも多い。●東京都中央区銀座8−3−7。

「カーサさんの編集部は銀座にあるのよ。私も時々、配達のお手伝いに出かけるの。街の中を走っていると、ハイカラな建物がいっぱいあって、何だか気になるのよねえ。きっとこういうのが建築っていうんじゃないかしら? 私ももっと勉強して、お役に立たなくちゃ!」と、カーサ編集部で月イチご奉公中の猫村さん。

そんな銀座で群を抜いて目立つのが、丹下健三の〈静岡新聞・静岡放送東京支社〉。40年以上を経た今もアバンギャルドだ。内外装はもちろん、外構から設備までメンテナンスが行き届いており、古さを感じさせない。

一方、東京都内の同潤会アパートが消えゆくなか、その流れを汲む〈奥野ビル〉が銀座には残っている。今ではレトロなエレベーターも、当時の集合住宅では超高級かつハイテクだったはず。こちらも共用部の保存状態はほぼ原型のまま。手入れが行き届いている建築からは、オーナーが大切にしている気持ちまで感じられるのです。

奥野ビル

川元良一（1932年）

元同潤会建設部長の川元良一の設計により、当時最先端の高級集合住宅〈銀座アパートメント〉として竣工。1955年より現在のビル名で賃貸事務所に。〈Y's ARTS〉などのアンティーク店やギャラリー、建築・デザイン事務所が入居。３代目ビルオーナー奥野亜男氏によると取り壊し予定はなく、入居希望者が途切れないという。●東京都中央区銀座1−9−8。

鈴木ビル
新 定蔵（1929年）

アーチ窓など４種類の窓と、レリーフを施した円柱が目立つ外観の旧〈甲子屋倶楽部〉。ホールは意匠を凝らした布目タイル張り。東京都選定歴史的建造物。●東京都中央区銀座1－28－15。

ヨネイビル
森山松之助（1930年）

ロマネスク調外観の１階は、螺旋模様の柱とアーチの連続が格調高い。上階はヨネイ本社、１階と地下１階は〈アンリ・シャルパンティエ銀座本店〉が入居。●東京都中央区銀座2－8－20。

第一菅原ビル
吉田享二（1934年）

菅原電気本社ビルとして現在も使われる。丸窓やスクラッチタイルなど、昭和初期流行の要素は〈奥野ビル〉同様。２・３階の〈椿屋珈琲店〉で天井や梁を観察可。●東京都中央区銀座7－7－11。

中央区立泰明小学校
東京市（1929年）

関東大震災復興事業の一環として、東京市（当時）土木局建築課の原田俊之助が設計。玄関の柱や庇の装飾が特徴的な表現主義建築。東京都選定歴史的建造物。●東京都中央区銀座5－1－13。

電通銀座ビル
横河工務所（1934年）

電通の前身・日本電報通信社の本社ビルとして竣工。耐震耐火建築で東京大空襲にも耐えた。玄関の広目天と吉祥天のレリーフやホールのモザイクが特徴的。●東京都中央区銀座7－4－17。

建築の面白さに一度気がつくと、銀座という街の面白さはさらに増す。気になる建物の外観を通りの反対側からじっと観察したり、玄関の中がどうなっているかそっと覗いてみたり……三輪車をこぐ猫村さんのように、夢中になってビルからビルへと巡ってみると、昭和初期・第二次世界大戦前のモダニズム建築が、今なお健在であることに驚かされる。

とはいえアールデコ装飾が見事だった銀座中央通りの〈越後屋ビル〉のように、すでに姿を消した物件が多いのも、昨今の銀座の現実。今後も大型の再開発計画が目白押しのこの街は、「絶滅危惧建築」のメッカでもある。

そんな中、岡本太郎の〈若い時計台〉は、定期的な改修で常に最新の状態を保ち、タイトルの通り今でも旺盛な生命力を保っている。

この章トップに登場した丹下健三設計の〈静岡新聞・静岡放送東京支社〉同様、21世紀の銀座の変遷を、今後もずっとずっと見守っていくことだろう。

若い時計台

岡本太郎（1966年）

大阪万博の〈太陽の塔〉に先立つこと４年前、銀座・数寄屋橋ライオンズクラブが岡本太郎へ制作を依頼、中央区に寄贈した。2011年に修復。●東京都中央区銀座5−1−1数寄屋橋公園内。

BAR TARU
剣持 勇＋渡辺 力（1953年）

戦前からバー〈機関車〉を経営していた赤羽猛氏が1953年にオープン。現オーナーは２代目の赤羽稜氏。ドリンクメニューは置かずベーシックな飲み物の注文に応じる。昼はカレー、夜はオムレツも。チャージ、サービス料なし。●東京都中央区銀座6－11－10銀緑ビルB1☎03・3573・1890。８時30分～16時30分、18時～24時30分LO。不定休。

道草の多かったおつかいもそろそろ終わり。暮れかけた銀座の街に、猫村さんが毎日通っているご奉公先の犬神教授が!?

教授が降りていった階段の先にあったのは、モダンな空間。丹下健三や岡本太郎と同世代のデザイナー、剣持勇と渡辺力がインテリアを手がけた〈BAR TARU〉だ。

主に剣持がデザインしたのがカウンターやスツール、チェア。渡辺がデザインしたのは照明やボックスシート。随所でアイデアを出し合い、デザインをしたという。

残念ながらこのバーにもすでに「絶滅危惧インテリア」の赤信号が。２０１３年には姿を消す予定です。

久しぶりに一杯ひっかけて行くか…

かつてスケ子とよく待ち合わせたもんだ…
スケ子さんいつもの?
先生遅いからお先に酔っ払っちゃうわ

猫村さんの旅じたく 3

もしかしたら
旅先で用事すること
あるかもしれないので
エプロンも
持って行きます

働くおじさんが素敵な、
築地市場へ。

築地の朝はセリから始まります。

よおっ猫村さん 買い物？
あら梅ちゃん！ そうなの 編集部のお夜食に 新鮮なお魚定食 作るのよっ
魚だったら とびっきり新鮮で いいの知ってるよ
それ本当？？
うーん、早起き しねーといけねぇけど今度 行ってみるかい？
もちろん！

夜も明けきらぬ午前4時。眠い目をこすりながら猫村さんがやってきたのは、築地市場。周囲に漂う潮の香といい、威勢のよい活気といい、銀座にほど近い東京とは思えない光景が広がります。

正式名称〈東京都中央卸売市場築地市場〉。都内に11ある中央卸売市場の中で最大規模を誇り、1日あたりの取り扱い数量は水産物と青果物合わせて約3100トン、金額にして約19億円（2010年度）に上ります。この地に市場が開場したのは1935年。関東大震災で焼失した日本橋魚市場など、いくつかの市場を統合する形で建設されました。以来80年近く、日本中の食いしん坊の胃袋を満たしてきた築地市場。その仕組みを簡単に説明すると、こうなります。

現在、築地にあるのは10の卸売業者と約800の仲卸業者。毎朝、各地から運び込まれた品物は、卸売業者→仲卸業者→小売業者を経て、私たちの食卓に並びます。ここで注目は、卸売業者と仲卸業者の間で行われるセリ。有名なマグ

郵便はがき

料金受取人払郵便

銀座局承認

2070

差出有効期間
平成30年10月
28日まで
※切手を貼らずに
お出しください

104-8790

627

東京都中央区銀座3-13-10

マガジンハウス
書籍編集部
愛読者係 行

ご住所	〒		
フリガナ		性別	男 ・ 女
お名前		年齢	歳
ご職業	1. 会社員(職種) 2. 自営業(職種) 3. 公務員(職種) 4. 学生(中 高 高専 大学 専門) 5. 主婦 6. その他( )		
電話		Eメール アドレス	

この度はご購読ありがとうございます。今後の出版物の参考とさせていただきますので、裏面のアンケートにお答えください。**抽選で毎月10名様に図書カード(1000円分)をお送りします。**当選の発表は発送をもって代えさせていただきます。

ご記入いただいたご住所、お名前、Eメールアドレスなどは書籍企画の参考、企画用アンケートの依頼、および商品情報の案内の目的にのみ使用するものとします。また、本書へのご感想に関しては、広告などに文面を掲載させていただく場合がございます。

❶お買い求めいただいた本のタイトル。

❷本書をお読みになった感想、よかったところを教えてください。

❸本書をお買い求めいただいた理由は何ですか？

●書店で見つけて　●知り合いから聞いて　●インターネットで見て
●新聞、雑誌広告を見て（新聞、雑誌名＝　　　　　　　　　　　　）
●その他（　　　　　　　　　　　　　　　　　　　　　　　　　　）

❹こんな本があったら絶対買うという本はどんなものでしょう？

❹最近読んでよかった本のタイトルを教えてください。

ご協力ありがとうございました。

いろいろな所から商品が集まってきて活気づきます
まあ〜新鮮なお魚だらけっ!
ブブブ

まぐろ仲買人さん
屋号入りの帽子
脂ののり具合を見ています
マグロをひっかける手かぎ
懐中電灯
長ぐつ

冷凍マグロを目利きするおじさんの三種の神器は、長靴とマグロの身をほじほじする手かぎ、身の色を見る懐中電灯。オフな時間は、長靴の中にそれらをインするのが築地流のようです。

なんだかきんちょうしちゃって肉球に汗かいちゃった…

ロからエビ、ウニ、乾物まで、朝5時から始まるセリの時間には市場にセリ人の声がこだまします。ついその名調子に聞き入ること必至ですが、市場内ではターレットと呼ばれる運搬車や荷車、フォークリフトといったお仕事車がフル稼働。猫だけあって俊敏な猫村さんもぶつかりかけるほどの交通量なので、くれぐれもご注意を。

東市
16
17

15
東水

仲卸は プロの目利きが 揃います。

猫の家政婦だけあり、猫村さんは青果よりも水産物に興味津々。目の前の魚に夢中な彼女はまったく気づいていませんが、実は水産物の仲卸業者が入る建物は、珍しい扇形をしています。

1935年に市場が完成した当初、商品の搬入は旧国鉄の汐留駅から引き込み線を通して貨物列車で、もしくは隅田川に面した岸壁の桟橋から船で行われていました。多くの荷物を効率的に運び込むため、引き込み線は円弧状に設置。その形に沿うよう建物も扇形に設計されました。鉄骨で覆われた建物は、当時の日本における最大級の鉄骨架構だったそうです。

扇形の建物の中には1700余りの区画があり、そこに約700

神奈辰
神奈辰
三代目 粟竹俊夫さん
十二時半に起きて 一時すぎに出勤
十八才から河岸に出ています
私ならずっと寝てる時間だわぁ…

冷凍庫は マイナス二十五度
ガチ
ガチ
ブるる…

神奈辰さん 裏側
お二階は 皆さんの お着替えと 休憩 の お部屋 なん ですって！

ターレットに 乗せて頂き ました。

の水産仲卸業者が集まっています。業者の中には、いくつもの区画を持つところも少なくありません。今回お邪魔した〈神奈辰〉と〈樋長〉は、いずれも2区画以上で商売する仲卸業者。前者は、マグロ以外の水産物全般を、後者はマグロを専門に取り扱っています。

仲卸業者の店頭にセリ落とした品物が並ぶのは、6時〜6時30分ごろ。セリの活気とともに、眼光鋭いプロの目利きが売り場に移動してきます。ピンク色に輝く桜鯛に、大きな平貝、ピチピチの車海老など見るものすべておいしそうな空間で、最も目を引くのはやはり生マグロ。紀州勝浦、壱岐といった水揚げ地が書かれた生マグロを、日本刀のような長い包丁で職人さんたちが解体していきます。

世界最大とも言われる築地市場には、このマグロに限らず、世界中から多種多様な水産物が入荷。いろんな魚介を食べるチャンスに恵まれた日本の猫に生まれたことを、猫村さんはちょっぴり誇りに思っているのでした。

築地でつい道草。

すっかり築地の魅力にはまってしまった猫村さん。おつかいの後も、市場の内外をくまなく歩きました。

4:00 AM
猫村さん おはよっ
いつもなら寝てる時間よねー

波除神社でお参り
玉子塚

珈琲店"愛養"でモーニング
ホットミルクコーヒー
AIYO
トーストは半分ジャム半分バター

カモメ!!
屋上にて
鰹節
松村
あら、いい香りっ!
かつおぶし
マグロせり見学
これでマグロをひっかけるのね
手かぎ
はっ! マグロの頭!

場内で働く人のための屋台
おにぎり
サンドイッチ
ゆで玉子を
いただきました

やっぱりマグロよねっ!
僕はラーメン
東都グリルで
腹ごしらえ

仲買人さんみたいに見えるかしら
築地ブランド
伊藤ウロコ

皮ムキ用ですって
築地正本 包丁
山崎製作所
市場かご
お魚もお野菜もたっぷり入るわね!
猫村さん気をつけてっ!! ターレット通るよっ
ヒャッ!
銀鱗文庫
お魚の本を読みました

場内と場外でお買い物。

特製とりぞう煮
ラウス昆布、かつおぶし、いりこで取ったダシに餅二こ、きのこ、たけのこ、とり、かまぼこなど具だくさんです
フー フー
おダシがと〜っても良い香り!
後でコーヒーが出ます

『喫茶マコ』で一服
築地場外の喫茶店一号なんですよ
かわいらしいお店で落ちつきますわねー

プロによるプロのための卸売市場である築地市場の中にも、一般の人が食事をしたり、買い物ができる場所があります。それが〈築地市場内・魚がし横丁〉。正門から入ってしばらく行った左手に広がるエリアには、約140軒の専門店が軒を連ねます。行列のできるお寿司屋さんやレトロな喫茶店、プロ御用達の刃物屋さんなど、見るだけでもワクワクする光景です。

一方、通称・場外の名で知られるのが、築地市場の北西に隣接するエリア〈築地場外市場〉。こちらは買い出し人だけでなく、一般客を対象にした店舗が多いので、築地初心者でも安心してお買い物できるのが特徴です。

場内にしろ、場外にしろ、その魅力はプロ仕様の商品を手軽に入手できる点でしょう。舌の肥えた目利きが通う飲食店で、築地グルメに舌鼓を打つのも一興。ここでは市場での買い出しの際に役立つカゴから、包丁、長靴、そして鰹節まで、猫村さんが選んだ場内外の9軒を紹介します。

珈琲店 愛養《あいよう》

レトロな喫茶店。毎日通う常連客も多い。猫村さんの注文は、トースト200円とミルクコーヒー420円。トーストにはバターかジャムを塗ってくれる。オリジナルグラス入りのミルクコーヒーは熱々なので猫舌の人は要注意。●東京都中央区築地5－2－1場内６号館☎03・3547・6812。３時30分～12時30分。

伊藤ウロコ（７号館）

オリジナル長靴なら、ここ。天然ゴムでできた長靴は、魚河岸はもとよりアウトドアでも大活躍。猫村さんお気に入りの築地市場帆前掛1,890円やＴシャツなどもオリジナルです。写真左は１足ずつ手作りの《白ウロコ》8,890円～。●東京都中央区築地5－2－1場内７号館☎03・3541・0464。５時～14時。

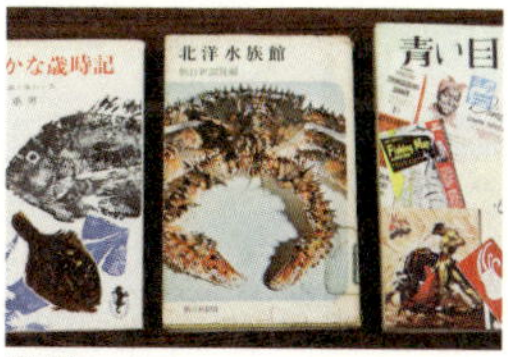

銀鱗《ぎんりん》文庫

築地市場および水産関連の書籍が約8,000冊揃う図書室。仲卸業者が中心となり設立されたNPO法人〈築地魚市場銀鱗会〉が運営する。一般の人も入場できるのでご安心を。蔵書の中には『築地魚河岸三代目』など漫画も。●東京都中央区築地5－2－1場内７号館☎03・3541・7194。10時30分～14時30分。

喫茶マコ

1961年にオープンした、場外における喫茶店の第１号。オーナーであるマダムのお名前が昌子さんだから、マコ。昭和の風情を今に残す店内が落ち着きます。天然ダシにこだわった特製とり雑煮（コーヒー付き）900円が人気。●東京都中央区築地4－9－7中富ビル2F☎03・3541・0502。10時30分～15時。

築地正本

たがね彫りでかたどったのれんが目印の刃物屋。一挺ごとに職人さんが手作りした和包丁は一生ものです。名入れしてもらえるから嫁入り道具にも。包丁の研ぎ直しも受け付け。猫村さんが購入した皮ムキは両刃で３寸3,885円～。●東京都中央区築地5－2－1場内A棟☎03・3541・7155。５時30分～13時。

山崎製作所

調理器具専門店。写真の通称・市場カゴのほか、サメ皮のおろし金、サワラの木でできた飯台、手作りのおひつなどプロ仕様の道具が揃う。市場カゴは開口部が広く、荷物を詰めるのに便利。５サイズあり3,500円～。マガジンラックにも。●東京都中央区築地5－2－1場内A棟☎03・3541・8856。５時～13時。

東都グリル

市場関係者が集う食堂。外の喧噪が嘘のように、ゆっくりできるのがうれしい。昔風ラーメン550円から、オムライス750円、エビフライ定食1,270円までメニューも豊富。フレンドリーなホール係のお姉さんも魅力的です。●東京都中央区築地6－22－4東水ビルB1☎03・3542・2088。６時30分～19時30分LO。

かつおぶし 松村

築地の氏神様として知られる波除《なみよけ》神社の向かい、海幸《かいこう》橋のたもとに建つ鰹節専門店。辺りに満ちる鰹節の香りに、猫村さんでなくともつい立ち寄ってしまう。オススメは、削りたての特上削１kg3,260円。販売は200g～。●東京都中央区築地6－27－6☎03・3541・1760。４時～12時（土～12時30分）。

東京都中央卸売市場築地市場

Docomomo100選にも選定。●東京都中央区築地5−2−1☎03・3547・8011（築地市場管理課庶務係）。休みは日曜・祝日・休市日。休市日と見学については公式サイトを参照。
http://www.shijou.metro.tokyo.jp/

おつかい帰りが楽しみです。

早朝からお昼すぎまで、築地を歩き回った猫村さん。お昼ごはんで満腹になったせいか、はたまた疲れのせいか、眠気が襲ってきました。それにつけても築地市場を探検して思うのは、働く人々がイカしているという事実です。

セリの見学中、人垣に埋もれた猫村さんを見兼ねて、ちょっとだけ見学エリアを広げてくれた卸売業者のおじさん、ターレットを小粋に運転する若者、毛糸の帽子がお似合いの〈神奈辰〉の社長に、眼光鋭い〈樋長〉の7代目。これほど多くのプロが生き生きと働く場所もそうありません。築地＝食&買い物もいいけれど、これからは築地＝働くおじさんが素敵な街。猫村さんはそんな築地に夢中です。

築地場内＆場外MAP

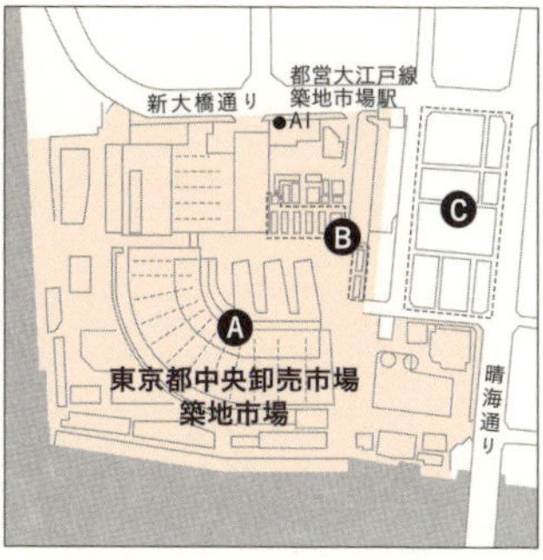

A　水産物部仲卸業者売場

扇形をした鉄骨構造。約700の仲卸業者が、狭い通路を挟んでひしめき合う。小売業や飲食業といった業者が対象。一般への小売りは原則行っていない。

B　場内・魚がし横丁

築地市場内にある、約140軒の飲食店、物販店からなる。一般への小売りも行う。飲食店の中には行列ができる人気店も。営業時間は５時〜13時ごろ。

C　場外市場

築地市場に隣接するエリアに、300店以上の店舗が集まる商店街。早朝はプロの買い出しが多いので、９時以降に出かけるのがオススメだ。

築地市場を訪れる際の注意事項。

築地市場内は通路が狭い上に、ターレットやフォークリフトなどさまざまな車両が行き交います。作業している人の妨げにならないようにしてください。また、ケガなどのないよう安全にも十分注意してください。基本的にセリ場などの見学はできません。場内は水などで濡れている部分が多いため、汚れても気にならない服装や靴で来場することをオススメします。もし市場内で盗難や事故などトラブルが起きても、市場や組合では一切の責任を負いません。

猫村さんの旅じたく4

取材の時、気になるものを見つけたらノートに貼りつけます

萩・角館
城下町ガイド。

さー城跡見学
スタートよっ
ドキドキ
は・はーい

HAGI

萩

海・川・山に囲まれた
長州毛利家のお膝元。

萩の町を訪ねるなら、ぜひ天気がよい日に。青空の下に広がる海と山と川と城下町が気持ちいい。日本海と松本川・橋本川に囲まれた三角州に長州藩（現在の山口県）主の毛利輝元が指月山に萩城を完成させたのは１６０８年。

明治維新後の１８７４年に廃城とされた後も、城下町は当初の区画をそのまま残し、江戸時代の絵図が今でも地図代わりになるほど。奇跡的に大火の被害を経ていないため、武家や商人の屋敷、石積みの遺構などが、今でもそこかしこに残っている。

貸自転車に乗って歴史的建造物を見て回るのにはちょうどいい広さの、風光明媚な城下町です。

萩城跡
まあ〜 お堀も きれいね〜
あ〜 自転車 こわかった〜

ヤッホー
ここが 天守閣が あった場所 なんですって
見はらしが いいです わねっ

旧久保田家住宅
また広い お台所を 見学 しました

笠山展望台
天然記念物の
和牛で有名な
見島よっ！
お船!!
ですわっ
お〜♪
しゃりしゃり
男なら〜♪
萩八景遊覧船
編集長さんが
夏みかんソフト
クリームを買って
下さい
ました
あま〜い
このお茶わん
百万円か〜
迷うわねー
萩焼の
花びんを
買いました
800円

萩博物館町並み模型
まぁ〜江戸時代の町の人達の声がきこえてきそうですわねっ
よくできてるわねー商家はにぎわっていたんでしょうね

城下町ってにぎやかだったのよきっと・・・
おじさんこんにちは
よぉ猫村さん

萩博物館

長州藩260年の歴史と城下町の文化を知ることができる。長屋門や隅矢倉の復元建築、ミュージアムショップも見どころ。●山口県萩市堀内355☎0838・25・6447。９時〜16時30分最終入館。無休。入館料500円。

口羽《くちば》家住宅

上級武士の屋敷で18世紀後半～19世紀初頭の長屋門と主屋は萩で最古。中でも長屋門は正面幅22.2ｍの大スケール。●山口県萩市堀内1ー3☎0838・25・3139。９時～17時。８月13日～15日、12月30日～１月３日休。観覧料100円。

ここがお台所!!
天井が高くて気持ちいいですわ～
口羽家住宅

ここから川のお水を台所に引き入れて水仕事に使ってられたんですって
「ハトバ」
旧湯川家屋敷

旧湯川家屋敷

1744年に掘られた藍場《あいば》川沿いに建つ江戸末期の下級武士の家。台所や風呂の水を川から取れる「ハトバ」や川の水を引き込んだ池が現在も残っている。●山口県萩市川島67☎0838・25・3139。９時～17時。無休。観覧料100円。

旧萩藩御《お》船倉《ふなぐら》

毛利家の御座船を保管した格納庫の遺構。国指定史跡。●萩市東浜崎町。見学申し込み先：〈浜崎町並み交流施設 旧山中家住宅〉山口県萩市浜崎町209－1☎0838・22・0133。9時〜17時。水曜・年末年始休。

松下村塾
皆さん ここで一生懸命勉強なさったのねー
松陰先生！

吉田松陰先生は若くして亡くなってしまわれたのよね…
お奉行さま許してさしあげて
吉田松陰歴史館
ろう人形で吉田松陰の生涯を表されています

松下村塾《しょうかそんじゅく》・吉田松陰《しょういん》歴史館

幕末〜明治の人材を輩出した松下村塾の現存建物は松陰神社境内に。歴史館では松陰の生涯を展示。●山口県萩市椿東1537☎0838・22・4643。8時〜17時（吉田松陰歴史館は入場料500円。9時〜）。無休。入場無料。

菊屋横町
きれいな町並みねー
そのあたりからひょいっとお侍さんが出てこられそうですわね

菊屋横町

御成道に面し、萩城築城以来毛利家の御用達を務めてきた商家〈菊屋家住宅〉の脇道に残る、白いなまこ壁が連なる風景。道筋には高杉晋作の生誕地もある。日本の道100選に選定。●山口県萩市呉服町1丁目付近。

「ふじたや」さんでせいろそば
かわいらしいお店ねー
おだしに玉子が入っていておいしいですわァ

ふじたや

温かいままのゆで上げ手打ち蕎麦を玉子・ネギ入りだしで。●山口県萩市大字熊谷町59☎0838・22・1086。11時30分〜18時（売り切れ次第閉店）。水曜休（祝日を除く）。せいろそば700円〜（せいろ5枚〜）。

内町

武家屋敷が並ぶこの内町には、17世紀に京都の公家から持ち込まれた枝垂《しだ》れ桜の並木が続いている。十字路を作らず敵の侵入に備えた「ます形《がた》」の区画も今に残る。●秋田県仙北市角館町表町上丁・表町下丁付近。

角館

KAKUNODATE

ぶらり散歩にちょうどいい城下町。

角館《かくのだて》の歴史は長い。戸沢氏が山城を築き、城の北側に城下町を開いたのが戦国時代。後の蘆名《あしな》氏が1620年から南側に城下町の移転を始め、道幅を広げたり下水を整備。また武家、町人、寺社を分ける町割りを定め、以来町並みの基本構造は変わらない。同時期に角館城は破却されたが、1656年から1869年までは佐竹北家がこの地方を支配した。

この佐竹氏が京の公家につながる家系だったことから、角館には京の文化が多く流れ込んだ。

春の花、夏の青葉、秋の紅葉、冬の雪景色。当時から「角館では桜が四度咲く」と言われた四季折々の風情は、今も変わらない。

石黒家
角館で1番古くて
格式の高い武家屋敷

石黒家

上級武士の格式を示す薬医門《やくいもん》や母屋は、19世紀初頭の建築。お殿様が通る際、黒板塀に設けられたのぞき窓から、女性が簾《すだれ》越しに挨拶した。●秋田県仙北市角館町表町下丁1 ☎0187・55・1496。9時～17時。無休。入場料300円。

のぞき窓

松本家
屋根に石が載ってますわよ
NECO

松本家

柴垣《しばがき》や柱2本の門、母屋正面の杉皮葺き置き石庇《ひさし》など、下級武士の住居様式を残す。●秋田県仙北市角館町小人町4☎0187・43・3384（仙北市教育委員会文化財課）。9時～16時。10月中旬～4月中旬休。入場無料。

青柳家

ほほづえ
腰袴
文庫蔵
雪が積もって壁が黒くなるから袴がついてるんですって
建て物の"長ぐつ"かしら!

よろいとかかぶとっていろんな種類があるのよねっ!

青柳家

角館でも有数の敷地約１ヘクタールに上級武士の屋敷のほか伝統的な造りの文庫蔵や甲冑・武具類が見られる。●秋田県仙北市角館町表町下丁3☎0187・54・3257。９時～17時（12月～３月は～16時）。無休。入場料500円。

岩橋家
しとみ戸
大胆よね!
きっと真夏は風がす〜っと吹きぬけて気持ち良いですわね!
しとみ戸
夏の暑さ対策のために戸が大きく開くようなしくみ

岩橋家

幕末の大改修後、19世紀末に茅葺《かやぶ》きから木羽《こば》葺《ぶ》きに屋根を葺き替えた以外原型をとどめる、中級武士の屋敷。●秋田県仙北市角館町東勝楽丁3－1☎0187･43･3384（仙北市教育委員会文化財課）。9時～16時30分。無休。入場無料。

安藤醸造元
蔵の中に立派なお座敷が!!
はっコケシ!!

安藤醸造元

町人街の「外町《とまち》」に残る、明治時代のレンガ造の蔵。内部は蔵座敷で見学無料。店舗では味噌や醤油、秋田名物いぶりがっこ等の漬物を製造販売する。●秋田県仙北市角館町下新町27☎0187･53･2008。8時30分～18時。無休。

猫村さんの旅じたく5

石けん一つで頭も
体も洗います

薄手のタオルは体を洗ったあと
かたくしぼって体をふきます
すぐ乾くので便利です

民藝の街、
松本に夢中。

民藝の街、松本に夢中。

松本民芸家具が生まれた信州・松本は、
民藝を愛する人々が暮らす街でした。

松本民芸館

〈ちきりや工芸店〉を営んでいた丸山太郎が収集した民芸品を展示。1962年開館。●長野県松本市里山辺1313－1☎0263・33・1569。9時～16時30分最終入館。月曜休。入館料300円。

ウィンザーチェアで知られる松本民芸家具。その歴史は、1948年に遡ります。創立者・池田三四郎が京都・相国寺《しょうこくじ》で柳宗悦《そうえつ》の講演「美の法門」を聞いたことをきっかけに、民藝《みんげい》運動に傾倒。戦争で途絶えてしまった松本の木工業を民藝によって復興させようとしたことが始まりでした。

柳をはじめ、濱田庄司、バーナード・リーチら、民藝運動を牽引した人々の協力を得ながら、松本民芸家具は発展。現在では、民藝を代表するクラフトとして親しまれると同時に、日本全国に多くのファンをもっています。

〈松本民芸館〉や〈中央民芸ショールーム〉といった施設に限らず、ホテル、レストラン、喫茶店など、ここ松本にはそんな家具に触れられる場所が多くあります。でも、今回の旅で猫村さんにとって一番印象的だったのは、住宅街に建つ家の縁側に置かれていた椅子たち。家族の歳月や思い出とともに飴色に変わった椅子は、まさに民衆のための工芸品でした。

松本民芸生活館

スゴイ!!
いろんな種類の家具や食器がいっぱい!!
机も椅子もピカピカ!

毎日早朝からおそうじされてるんですって
そうしてそうじする事で道具に触れて本物の良さを感じてゆくんですって
冬はマイナス15度でもお湯は使わない
研修生さん達
それで大昔からのお道具もつやつやなんですわね

家具の命は長いでしょ物が使い込まれて育っていくことを職人さん達に知ってもらいたいんです
こういう中で生活して体で考えるんです
池田素民さん
家具の命……

すごい数の椅子!!
編集長さん! あそこの小さいの赤ちゃん用じゃないかしら?!

これはおまるなんですよ。
義イロイロのおトイレトレーニングにも本物の良さを感じつつ…
おまるっ！

こんにちはー
こんにちは！
ようこそ
館長さん
松本民芸館
はだしではくと気持ちいい布ぞうり
こんにちは！
何だか大きなおうちにおじゃましたみたい！

これはおふとんの生地を切り取ったんですって！
普段使いの物でもステキな物があること、うっかりしてましたわ！私

ここは周りもぶどう畑だったり山が見えたりして気持ちいいわねー
ほんとに何だか…ちょっと…
コックリ
コックリ

松本城

日本に現存する最古の５重６階の天守を中心に、５棟の櫓が連なる。天守３棟（天守・乾小天守・渡櫓）は1594年完成と推定。天守閣からは松本の町が一望に。国宝。●長野県松本市丸の内4－1☎0263・32・2902。８時30分～16時30分最終入場。無休。観覧料600円。

松本市美術館

松本にゆかりのある作家の作品を主に収蔵。注目はもちろん草間彌生。正面玄関前の巨大な野外彫刻《幻の華》が見る者を圧倒するほか、常設展示も。●長野県松本市中央4－2－22☎0263・39・7400。９時～16時30分最終入館。月曜休。入館料400円（企画展は別途）。

まつもと市民芸術館

伊東豊雄設計。２つのホールや実験劇場などから成る劇場。GRCパネルに、７種類、約２万個のガラスを象嵌している。昼は外部から、夜は館内から光がこぼれる。猫村さんのお気に入りはアート作品が置かれた屋上。●長野県松本市深志3－10－1☎0263・33・3800。

旅館すぎもと

館主の作る創作料理が評判の温泉宿。山菜、キノコ、馬刺しなど地元の味を堪能できる。ロフト付き、囲炉裏付きなど客室はすべて異なる趣。松本民芸家具も置かれている。●長野県松本市里山辺451-7☎0263・32・3379。全17室。１泊２食付き１人15,900円～。

松本ホテル花月

1896年創業の老舗ホテル。ロビーをはじめ、館内の家具は大半が松本民芸家具を使っている。名水百選に選ばれた、深志の水を使った大浴場あり。併設の〈コーヒーショップ花月〉も人気です。●長野県松本市大手4－8－9☎0263・32・0114。全86室。１泊１人6,825円～。

旧開智学校

1873年に開校した日本最古の小学校の一つ。和洋が入り交じった擬洋風建築。設計施工は大工棟梁・立石清重が手がけた。重要文化財。●長野県松本市開智2－4－12☎0263・32・5725。９時～16時30分最終入館。第３月曜・12月～２月の月曜休。入館料300円。

芸術と歴史が隣り合わせです。

♪わたしの城下町♪を歌いながら、松本探訪。
猫村さんも歩けば、芸術と歴史に出会いました。

黒く威風堂々たる姿から烏城《からすじょう》ともも呼ばれる松本城は、姫路城、彦根城、犬山城と並び、国宝四城と呼ばれる名城。その城下町として栄えた松本には、戦災を逃れたこともあり、多くの歴史的建造物が残っています。日本で最古の小学校〈旧開智学校〉、明治期の大火をきっかけに普及した、土蔵づくりが軒を連ねる中町通りなどです。

しかし、松本の魅力はそれだけではありません。信州一の商都として発展した先進性からでしょうか、モダンな風も積極的に取り入れています。伊東豊雄設計の〈まつもと市民芸術館〉、草間彌生作品を展示した〈松本市美術館〉。少し足を延ばせば、〈旅館すぎもと〉のある美ヶ原温泉や白骨温泉、上高地、乗鞍《のりくら》高原といったリゾート地でリフレッシュすることも。

でも、本当の松本の実力はそんなものではありません。それは長野県で唯一パルコがあることから、松本が同県の若者にとって憧れの町であるという事実。なかなか侮れないですよね。

このホテル、ビジネスホテルみたいに機能的だけど温かみがあって落ち着くわねー
やっぱり民芸マジックですかしら
松本ホテル花月

猫村さん、今日行く旅館にはツリーハウスがあるのよ
木の上に建ってる小屋みたいなのよ
ツリーハウスって何の事ですの？
秘密基地ですわよねっ！

旅館の中も松本民芸家具がたくさん使われていて落ち着くわねー
旅館すぎもと
この椅子の座り心地良いですわァ
それね、三十年だよ
ご主人
さ、三十年!!
ちっとも古く感じないけど…

さー出発
ご主人のお料理美味しかったわねー
きのこのお鍋大好きですの!
私は馬肉で元気出たわっ!
ウニ
馬肉

旧開智学校
ここは明治の学校なのよ
ずいぶんしゃれた学校ですわねっ!

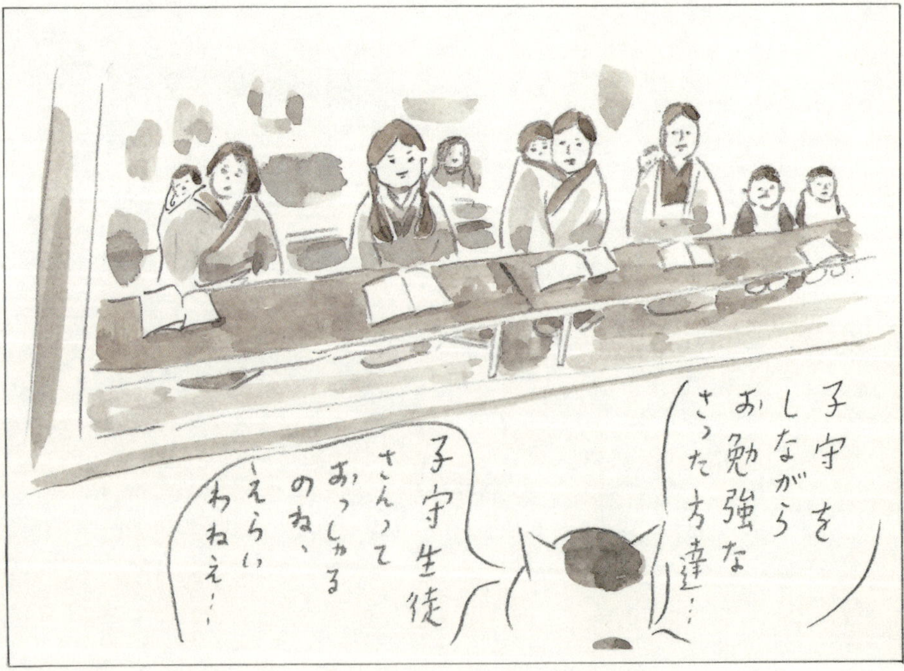
子守をしながらお勉強なさった方達…
子守生徒さんっておっしゃるのね、えらいわねえ…

ス
エ
イ
シ
昔の教科書も見られるのよ
ヨキ
ネコ
ワロキ
イヌ

猫村さんお先〜
ベルトコンベアー
みたいですわね
そのエスカレーター！！
まつもと市民芸術館

ここでコンサートや舞台の開場を待ったりするのね広々して気持ちいいわ！！
なんだかこのお椅子りんごみたいですわね

まつもと市民芸術館屋上
何なさってるのかしら
むずかしいポーズよねー

まー
お山が見えますわよっ
松本城にて

編集長さん、これが芸術っていうんですの？
すごい迫力よね…
松本市美術館

中町寄り道散歩道。

松本観光の中心地・中町。
猫村さんも1日うろうろしてみました。

編集長さんにアイスキャンデーを買ってもらいました。
スギヤ

さー腹ごしらえするわよっ
ポークステーキを食べました

女鳥羽川

民芸の店
"ちきりや工芸店"
このハサミ村田の奥さんに買って行こうかしら
編集部には栓抜きね！
欲しい物がいっぱいで困っちゃうわー
かばん
ハンカチ

"ギャルリ灰月"
こういうおはし欲しかったのよー
作られた方のお名前がわかるんですわねっ
かっこいいだけじゃなくて重宝しそうな物がいっぱい！！

中央民芸ショールーム
この敷物素敵!
家具の設計をなさっていました

女鳥羽そば
松本に来たらそばを食べなきゃっ
ちきりやさんにあるのと同じ器だわっ
おいしいっ

上原善平商店
あら、竹かご
ざるもいっぱい!!
これ普段使いにぴったりね

城下町はいいわねー
土蔵造りっていうんですって蔵みたいなお家
フランス菓子
マサムラ
編集長さんにベビーシュークリームを買って頂きました
私はチョコの…
珈琲 まるも
次の朝は珈琲まるもでモーニングを食べました。
松本民芸の家具がたくさんありました。

グレインノート

地元作家の作品を中心に取り扱うクラフトショップ。木工をはじめ、陶器やガラス、布なども。注文家具は随時受注。椅子、テーブルなどを常設展示している２階は、ギャラリーとしても利用できる。●長野県松本市中央3−5−5☎0263・32・8850。10時〜18時。水曜休。

おきな堂

1933年創業の洋食店。川島芳子、草間彌生らも訪れたという老舗。ポークステーキ定食1,500円、オムライス980円といった伝統の味のほか、自家製手打ちパスタなども。●長野県松本市中央2−4−10☎0263・32・0975。９時〜20時30分LO（日・祝〜18時LO）。無休。

中町・蔵シック館

なまこ壁の土蔵が建ち並ぶ中町のシンボル的な貸しスペース。明治時代に作られた造り酒屋の母屋、土蔵、離れを移築・再生。バーナード・リーチが絶賛したという出窓あり。●長野県松本市中央2−9−15☎0263・36・3053。９時〜17時30分（季節により変動）。無休。

中央民芸ショールーム

松本民芸家具を販売する中央民芸の商品を展示するショールーム。同社が製造する約600アイテムの中から、選りすぐりの品が体感できる。取り扱い商品の中には、国内外のクラフトなども。●長野県松本市中央3−2−12☎0263・33・5760。９時30分〜18時。無休。

ギャルリ灰月《かいげつ》

松本を代表する人気ギャラリー。クラフトを中心に、毎日の生活を大切にするための道具が並ぶ。取り扱う作家は約30人。月１回〜２回、企画展も開催している。●長野県松本市中央2−2−6高美書店2F☎0263・38・0022。11時〜18時。火曜・水曜休。

ちきりや工芸店

松本民芸館の創設者・丸山太郎が開いた民芸品店。店内に所狭しと並ぶのは陶器、竹細工、ガラス器、布、小木工といった諸国民芸品。価格も手ごろで、購買意欲みなぎること請け合いです。●長野県松本市中央3−4−18☎0263・33・2522。10時〜18時。水曜休。

珈琲まるも

1868年創業の〈まるも旅館〉内にあるカフェ。池田三四郎が設計。松本民芸家具で統一している。モーニングは各種トーストとサラダ、飲み物が付いてお得。写真はハニートースト単品350円。●長野県松本市中央3−3−10☎0263・32・0115。８時〜17時30分LO。無休。

女鳥羽《めとば》そば

松本産の玄そばだけを自家製粉して使うそば処。石臼で挽く〝挽きぐるみ〟だけに、そば本来の味が楽しめる。人気は海苔、トロロ、抹茶の３種類が味わえる三重《みかさね》そば1,365円。●長野県松本市中央3−4−8☎0263・35・8502。11時〜19時ごろ。水曜・第３火曜休。

イタリア料理 みたに「アップルパイ」

池田三四郎に薫陶を受けた三谷憲雄さんがオーナーシェフの人気店。設計は中村好文。プラス500円でコースのデザートにできるアップルパイは猫村さんも絶賛のお味!! ●長野県松本市白板1－2－11☎0263・35・3895。12時～13時LO、18時～19時LO。水曜休。ディナーコース6,300円～。完全予約制。

ヒカリヤ ヒガシ「昼箱膳」

築120年の商家をリノベし、フレンチ〈ヒカリヤ ニシ〉と日本料理〈ヒカリヤ ヒガシ〉のレストランに。三段重の昼箱膳は1,500円。●長野県松本市大手4－7－14☎0263・38・0068。11時30分～13時30分LO、17時30分～21時LO。水曜休。10食限定の四季点心弁当2,800円も人気。夜の懐石料理5,700円～。

おいしいおもいで。

猫村さんも驚く、
松本ならではの食が満載です。

近ごろ、おいしい食を求めて全国を旅する人が増えています。松本にも、必ず立ち寄りたいレストランがチラホラ。実は、松本の食の充実には民藝が影響しているという話もあるのです。それは「祖父をはじめ、民藝運動に参加した人たちは食通だったようですよ」という、池田三四郎氏の孫、池田素民さんの言葉からも想像がつきます。一つの道を極めた人は、万事に精通していたようですね。

　さて、旅も終盤に差しかかり、猫村さんは、食を含めたお土産探しに余念がありません。そのラインアップはp.122。猫村さん目線で選んだお土産が満載です。

ACCESS & MAP

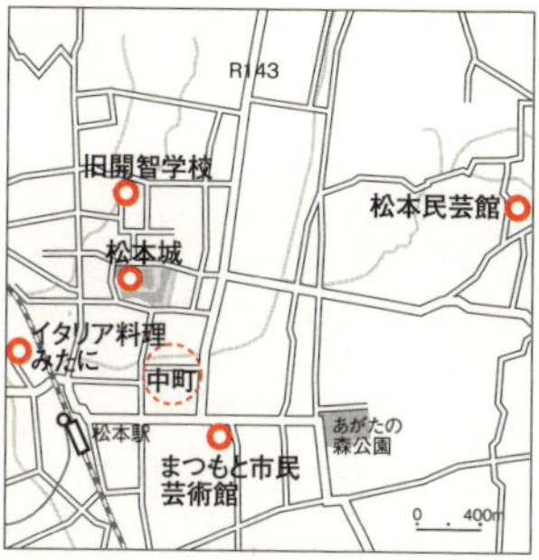

松本へは新宿駅からJRの特急スーパーあずさ利用で約2時間30分、あずさ利用で約3時間。中町をはじめ市街の主だった場所は、松本駅から徒歩圏内。全4コースで市内を巡る周遊バス「タウンスニーカー」も便利。〈松本民芸館〉へは市街から車で約10分、〈イタリア料理 みたに〉は松本駅徒歩10分。

イタリア料理みたいに
今日は食べるわよー
おしゃれなレストランですわねー

お野菜がとっても新鮮でおいしいわっ!
このまん丸のパンも歯ごたえがあっておいしいですわ!

お料理はシェフの三谷さんが作られて
デザートは奥様が作られているんですって
このおりんごとアイスクリームのデザート、とってもきれいですわね！私も見習いたいって思いますわ！

編集部のみんなにお土産何がいいかしら
民芸のカップから栓抜きはきっと喜ばれますわね。

見て！タヌキケーキですって
チェリーのお帽子かぶってますわよっ！
お菓子"翁堂本店"にて

"スイーツなら"開運堂"の「白鳥の湖」もおいしいのよー
和菓子の「道祖神」なら買いましたよー

パンセ小松
あら〜いい感じのパン屋さん
編集長さ〜ん
おいしそうなパン、いっぱいありますよ〜

松本のスイーツって
おいしいだけじゃなくて
どこかなつかしくて
ほっとするのよねー
包みもなんだかハイカラなものが多いですわよねー
マサムラ

名門商家「光屋」さんを改装したレストラン「ヒカリヤ」さんよ
えぇーーっ! ここがレストランなんですの? フレンチと、和食!…と…

今日は和食の「ヒカリヤ ヒガシ」でいただきましょう
老舗みたいですのにモダンな感じもしますわよっ!

いろんな物がちょっとずつ頂けるの、嬉しいわ!
まー 玉手箱みたいなお弁当ですわね?!

"珈琲まるも"にて
松本は民芸の食器や家具が至る所で何代にもわたって愛用されているのね
民芸の街ですわね
皆さん松本民芸家具の事誇りに思って大切になさってるんですわね

SOUVENIR & SWEETS

栗の木 懐中箸入れ

木工作家・柏木圭の作品。栗の木でできた箸入れの中に細めの竹箸が入ってます。写真は白木オイル仕上げ5,775円〜。●ギャルリ 灰月（p.114参照）。

丹波立杭焼のカップ

丹波立杭焼は日本古窯の一つ。器の表面を削って模様を施す「しのぎ」という技法が使われています。1客1,300円。●ちきりや工芸店（p.114参照）。

一閑張《いつかんばり》の電話台

木型などを使って和紙を張り重ね、漆を塗った一閑張。高さ21㎝で猫村さんの勉強机にぴったり!?　23,100円。●中央民芸ショールーム（p.114参照）。

籐カゴ

開口部が大きく出し入れ便利。丸っこいフォルムが猫村さん好み。4,000円。●〈上原善平商店〉長野県松本市大手4−5−5☎0263・32・0144。

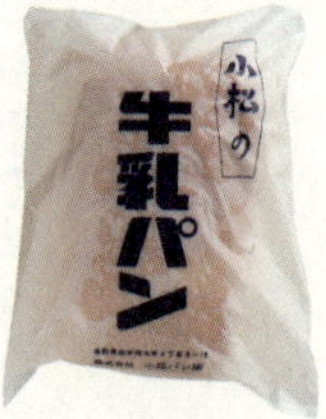

牛乳パン

素朴なミルククリームをフワフワのパンでサンド。294円。松本名物の味噌パンも人気。●〈パンセ小松〉長野県松本市大手4−9−13☎0263・32・0172。

道祖神

小豆焦粉と和三盆糖で作った落雁。肩を組んだ後ろ姿が微笑ましい。20粒入り735円。●〈開運堂本店〉長野県松本市中央2−2−15☎0263・32・0506。

タヌキケーキ

バタークリームケーキをチョコレートでコーティング。1個ずつ違う顔もご愛嬌。300円。●〈翁堂本店〉長野県松本市大手4−3−13☎0263・32・0183。

天守石垣サブレ

城萌え垂涎の逸品。包装紙のイラストは東郷青児の絵からイメージ。8枚入り1,260円〜。●〈マサムラ〉長野県松本市深志2−5−24☎0263・33・2544。

倉敷・高松・牟礼
「小さな美術館」の旅。

MURE

牟礼

アトリエが
彫刻に
ぐる〜っと
囲まれて
ますわっ
イサム・ノグチさんは
"マル"って
呼んでらしたん
ですって

まるでイサム・
ノグチ
さんが
さっきまで
おられた
みたいだわ！

ひゃ〜
大きい〜

わー景色がきれいに見えますわよ~
あら海!

イサム・ノグチ 庭園美術館

1999年開館。代表作《エナジー・ヴォイド》を含む150点以上の彫刻作品を、ノグチ存命中の制作環境ごと保存公開。周囲の景観と共に五感で観賞できる。

●香川県高松市牟礼町牟礼3519☎087・870・1500。火曜・木曜・土曜開館。10時、13時、15時の1日3回、約1時間の見学。予約制（往復ハガキで申し込み）。入館料2,100円。http://www.isamunoguchi.or.jp

【見どころ】作業場「マル」、展示蔵、住居「イサム家」などで、個々の作品と向き合おう。クライマックスは彫刻庭園の雄大な造形。

同時代を生きた、2人の巨匠ゆかりの地。

イサム・ノグチとジョージ・ナカシマ。
アートとデザインの
名作を育んだ町を訪ねて。

美術館の宝庫・瀬戸内は、直島や豊島《てしま》だけじゃありません。香川と倉敷を猫村さんと訪ねてみました。アート以外にも美味しいものや可愛いものを見つけ、大満足のレポートをお届けします。

最初に訪れたのは香川県高松市。源平の古戦場・屋島や庵治《あじ》石の採石場、五剣山を控える海辺の町、牟礼。ここにはくしくも、同時代を生きた2人の日系アメリカ人であるイサム・ノグチとジョージ・

ジョージ ナカシマ記念館

2008年開館。設計：永見眞一。ナカシマの作品約60点を展示。共同で制作に携わった桜製作所の会長が設計。ナカシマの家具でくつろげるカフェも併設。●香川県高松市牟礼町大町1132－1☎087・870・1020。10時～16時30分最終入場。祝日休（日曜は予約制。電話かWebの来館予約フォームで申し込み）。入館料500円。http://www.sakurashop.co.jp/nakashima

【見どころ】カフェのカウンター上には旧ショールームの梁が残されており、イサム・ノグチ、猪熊弦一郎、流政之、剣持勇らゲストのサインが読み取れる。

アメリカでは当時できなかったくぎを使わない技術を
桜製作所の職人は手がけた
くぎを一本も使わないでイスを仕上げるって職人さんの技ってすごいのよ!!

脚が内側に入っている
テーブル、イスを入れやすく足も入れやすい

ジョージ・ナカシマさんは木の気持ちを良くご存知だったのね
え～
軽くて動かしやすいのよ!
少年時代、熱心に活動したボーイスカウトの経験から木の性質について非常にくわしかった

ナカシマ、それぞれの代表作に親しめる個人美術館が、車で30分足らずの距離にある。

〈イサム・ノグチ庭園美術館〉は、ノグチがアトリエと住居を構えた1969年から死去する88年まで、毎年春から秋にかけて滞在してパートナーの和泉正敏と制作に没頭したゆかりの地。完成した作品、未完の作品共に作品名も解説もないまま、生前指示された通りの配置で並び、ノグチその人の気配まで感じられる。

〈ジョージ ナカシマ記念館〉では、代表作コノイドチェアの試作品をはじめ、波乱の人生や桜製作所との協働の軌跡がうかがえる。戦前東京のレーモンド事務所で建築士として働いたナカシマは戦後再来日して「讃岐民具連」に加わり、米国ニューホープの工房以外では世界でただ1か所、桜製作所でも家具を製作することになった。

ノグチとナカシマ、2人のゆかりの地・牟礼は、作り手との距離が縮まり、貴重な経験や発見が得られる、特別な場所なのです。

MARUGAME / KOTOHIRA

丸亀・琴平

現代美術と古美術が共存！より奥深い讃岐文化に接近。

いのくまさんから応挙・若冲まで。
ディープなうどん文化の
発祥地でもあります。

丸亀市
猪熊弦一郎現代美術館

1991年開館。設計：谷口吉生。丸亀市出身の画家・猪熊弦一郎寄贈の作品約２万点を収蔵・常設展示。１日の光のうつろいまで計算された展示空間は、谷口建築ならでは。企画展もユニークで、展覧会のたびに訪れる価値がある。●香川県丸亀市浜町80−1☎0877・24・7755。10時〜17時30分最終入館。年末および臨時休館あり。観覧料は展覧会により異なる。http://mimoca.org

【見どころ】館内のカフェ〈カフェレストMIMOCA〉は観覧者以外も利用可能。☎0877・22・2340。10時〜17時30分LO。美術館の休館日に準じて休店。

金刀比羅宮《ことひらぐう》 表書院

1659年建立。設計：不詳。「こんぴらさん」と親しまれ、古くから芸術文化を保護してきた金刀比羅宮。その表書院には「虎之間（遊虎図）」ほか、90面に及ぶ円山応挙の障壁画を所蔵。建物・美術工芸品共に多数が重要文化財に指定されている。通常非公開の奥書院には伊藤若冲作「上段の間（花丸図）」を所蔵。●香川県仲多度郡琴平町892−1☎0877・75・2121（社務所）。表書院開館時間８時30分～16時30分最終入場。入場料800円。http://www.konpira.or.jp

【見どころ】高橋由一館、宝物館も一般公開（入場料各800円）。ランチは人気のカフェ＆レストラン〈神椿〉へ。

右の写真は、金刀比羅宮《ことひらぐう》の階段を785段上り切った、御本宮付近の展望台からの眺望。中央に見えるのは「讃岐富士」として親しまれている、西讃地区のシンボル飯野山だ。

47都道府県中、面積が日本一狭い香川県の中でも、高松を中心とする東讃地区と丸亀以西の西讃地区では、雰囲気が微妙に異なる。一言で表すならば、西に行くにつれて、古代からの歴史の年輪が色濃くなるような印象だ。

そんな中にあって、ポップな現代美術を堪能できるのが〈丸亀市猪熊弦一郎《いのくまげんいちろう》現代美術館〉。駅前広場に開いたゲートプラザに出迎えられて館内に足を踏み入れると、エントランスホールから展示室まで自然光があふれ、カラフルな猪熊作品の数々がより一層魅力的に楽しめる。美術図書室、ホール、造形スタジオなども備え、多くの市民に親しまれている。

一方、古代に遡る歴史を有する金刀比羅宮は、江戸中期の庶民による金毘羅《こんぴら》参りで、伊勢神宮へのお陰参りに次ぐ全国からの参詣ブームを巻き起こした。その間、三井家などの出資により伊藤若冲《じゃくちゅう》、円山応挙《おうきょ》ら当代一流の絵師たちを次々と招き、贅の限りを尽くした障壁画の数々を描かせ、今日へと残している。

もちろん、本場・西讃ならではのディープなさぬきうどん文化も忘れてはいられません。その一端は次ページで！

さぬきの山がたくさん見えるわねっ
neco

讃岐うどん

すっかり観光化しても、やっぱり美味しい！

麺通団の『恐るべきさぬきうどん』に始まるブームが永続中の、ディープな讃岐うどん。もはや定番の味覚として、旅に欠かせません。

旅の途中で、わざわざ遠回りをして探りあてたお店は思い出に残るもの。西讃を流れる土器川の土手沿いに佇む〈なかむら〉もその一つ。村上春樹のエッセイ「讃岐・超ディープうどん紀行」やテレビ番組で〝ネギがなくなると客が裏の畑から採ってきて、自分で刻む店〟と紹介され、一躍全国に名を知られた有名店。このエピソードはいまだに伝説として語り継がれているが、当の畑は今も健在。店が忙しいときは客が畑に出たり、大根おろしや生姜おろしもセルフ作業。讃岐富士が昔と変わらず、お店を見守っていましたとさ。

大根おろしこれくらいで
いいかしら?!
ひやで
はーい
おだし入れて…
エビいただきます
NECO
いただきまーす!

やっぱり本場のさぬきうどんはおいしいわねー
チュルン

なかむら

●香川県丸亀市飯山町西坂元1373−3 ☎0877・98・4818。９時〜14時（売り切れ次第終了）。火曜休。うどん１玉150円。お土産用の地方発送も可。

KURASHIKI

倉敷

BIKAN-CHIKU

美観地区

日本有数の観光地区は大原美術館とともに発展。

江戸時代の蔵屋敷から昭和のモダニズムまで、
街角の建築から目が離せません。

大原美術館

1930年開館。設計：薬師寺主計《やくしじかずえ》（本館）・芹沢銈介（工芸・東洋館）。●岡山県倉敷市中央1－1－15☎086・422・0005。９時～16時30分最終入館。月曜（祝日を除く）・年末休。入館料1,300円（本館、分館、工芸・東洋館・児島虎次郎記念館共通）。http://www.ohara.or.jp

【見どころ】浦辺鎮太郎設計の分館も必見。

倉敷市立美術館

1960年竣工。設計：丹下健三（旧倉敷市庁舎）・浦辺鎮太《うらべしずた》郎《ろう》（1983年美術館にリノベーション）。●岡山県倉敷市中央2－6－1☎086・425・6034。９時～16時45分最終入館。月曜（祝日の場合は翌日）・年末年始休。観覧料200円。http://www2.city.kurashiki.okayama.jp/kcam/

【見どころ】倉敷出身・池田遙邨《ようそん》の日本画を多数収蔵。

瀬戸大橋を渡って、香川県から岡山県へ。江戸初期に幕府の天領となり、近隣から物資が集まった倉敷の面影は、今でも美観地区を中心に残されている。水運を担った倉敷川沿いに並ぶのは、蔵屋敷の数々。なまこ壁や倉敷窓、倉敷格子が特徴だ。

この美観地区と、その中心にある〈大原美術館〉とは不可分の関係にある。倉敷紡績の社長で同館を設立した大原孫三郎の息子・總一郎が戦前にドイツを訪問した際、ローテンブルクの町並み保存に影響を受け、美観地区の保全を始めた。今橋、大原邸、有隣荘、中国銀行（元倉敷銀行）など大原家ゆかりの文化財が多いのはそのため。

また、孫三郎の代に児島《こじま》虎《とら》次郎《じろう》とともにコレクションの基礎を築いた大原美術館も、總一郎の代には、柳宗悦《やなぎそうえつ》らの民藝運動を積極的に後援、芹沢銈介《せりざわけいすけ》の設計により大規模な工芸・東洋館を生み出した。

美観地区の周辺には、昭和のモダニズム建築も数多く集まっている。芸術と建築の町・倉敷です。

倉敷うろうろ

アート、建築、民藝とさまざまな魅力にあふれた町、倉敷の美観地区をぐるりお散歩してみました。

倉敷市立美術館
モダンなコンクリート造りなのにどこか温かい感じもしますわね
中の大テーブルも素敵！

景観に気品と風格を感じるわねー
は、白鳥！

鳩笛を
買ってもらい
ました。
招き猫も
たくさん
ありました。
日本郷土玩具館
日本郷土玩具館
私、強
そうに
見える
かしら？
倉敷張子
虎
倉敷国際ホテル ロビー
棟方志功「大世界の柵〈坤〉」
迫力ある
わねー
海女さんかしら？
貝から赤ちゃん？？
インテリアが
内装に木が
たっぷり使わ
れて、
ぬくもりと
重厚感
がある
わね

大原美術館
おとぎ話みたいな入口ですわよっ
倉敷の人たちに最新の西欧絵画を!!
買うてきなさいっ
倉敷の実業家である大原孫三郎の支援を受け画家の児島虎次郎が西洋の優れた作品の収集を行いました
外国みたいですわねっ
神殿みたいねー
分館は日本の洋画がたくさん
児島虎次郎さんの絵も
れいこさん
セガンティーニは国籍で苦労した人です
学芸員の方は作品一つ一つの事も作家さんの事もよくご存知で愛情と誇りを持って説明して下さるのよね
ooo

工芸
東洋館
あー 蓮の花が咲いてるわー
芹沢銈介さんが内装なさったのよ
なんだか落ち着きますわね
床が木!
コポコポして気持ちいいですわね!
それぞれが居心地良さそうですね
芹沢銈介さんが内装された一九六一年の並び方どおりにしました
器を置く場所にもちゃんといい位置ってあるのねー

遠くから船のエンジン音が聞こえる夏の夕暮れ時、高松の浜辺にて。

ヤッホー
お船
さーん

食のレベルが高い香川では、おやつ感覚の讃岐うどんからフレンチまで、温暖な気候が育んだ地の野菜や魚介類を使ったハイレベルの味覚が、リーズナブルな価格で楽しめる。一方で伝統的な手仕事もまだまだ残っており、素朴な味わいの張り子や漆塗りが、やはり安価に入手できる。

瀬戸内の旅で出会った美味しいもの・可愛いもの。

香川と倉敷で見つけた美味しい食事と自慢できるお土産をご紹介。
アート・デザイン・建築をめぐる旅の思い出に欠かせません！

丸亀市猪熊弦一郎現代美術館

猪熊弦一郎作品をモチーフにしたグッズが数多く揃うミュージアムショップで見つけた、ちりめん地の風呂敷「猫」8,925円。広げるともっとたくさんの猫たちが姿を現します。●香川県丸亀市浜町80－1☎0877・24・7755。10時～18時。美術館の休館日に準じて休店。ショップは入館料不要。

料理 遊《ゆう》

オコゼなど瀬戸内の魚をふんだんに使ったお造り（写真）や、讃岐野菜を使ったお惣菜など、山海の恵みを堪能できる地の料理が手ごろな値段で満喫できる。お１人様用の大皿盛り合わせ、も。●香川県高松市内町6－3辻ビル1F ☎087・823・0377。17時～23時。日曜・祝日休。お惣菜１品300円～。

山越《やまごえ》うどん店

あらかじめ丼に卵を割り入れ、ゆで釜から直接取ったうどんと絡める「かまたま」（写真）を約15年前にメニュー化したセルフ店。●香川県綾歌郡綾川町羽床上602－2☎087・878・0420。９時～13時30分LO。日曜休。釜あげ玉子うどん（かまたま）１玉200円。http://www.shop-yamagoe.jp

香川県商工奨励館

素朴な讃岐の手仕事が集まる。高松宮内張子３代目、宮内みき子作の奉公さん（小）1,260円。独楽塗の丸盆3,675円。三谷精糖の和三盆「羽根さぬき」（赤丸箱32個入り）1,260円。●香川県高松市栗林町1－20－16栗林公園内☎087・833・7412。８時40分～16時45分。年末年始休。要入園料400円。

オーベルジュ ドゥ オオイシ

新鮮な食材で作る、体に優しい仏料理が楽しめるオーベルジュ。●香川県高松市屋島西町65☎087・843・2235。11時30分～13時30分LO、18時～20時LO。月曜、第１・第３火曜休。ランチ3,675円～、ディナー8,400円～。１室２名31,500円～（夕・朝食別）。http://www.auberge-de-oishi.jp/

天領、すなわち江戸幕府の直轄地であった倉敷には、郷土色豊かな張り子細工や商家の旦那衆が見えを競った祭り寿司に見られるように、江戸の文化が色濃く残っている。一方で近代以降の主役といえば、やはり大原美術館と美観地区。アートを巡る旅ならではの魅力を発見しよう。

旅館くらしき

1957年に浦辺鎮太郎が旧砂糖問屋を改装して旅館に。宿泊客以外もランチ可。四季の散歩道御膳1,850円（写真）など。●岡山県倉敷市本町4－1☎086・422・0730。ランチ11時～14時LO、カフェ14時～17時。宿泊は1泊2食32,200円（2名利用の場合の1名料金）～。http://www.ryokan-kurashiki.jp

平翠軒《へいすいけん》

森田酒造の3代目当主・昭一郎氏が足で商品を集め1990年に開いた「おいしいものブティック」。吉田牧場のラクレットチーズ100ｇ650円、小豆島のベイカを酒に漬けた《ベカの酒びたし》893円。●岡山県倉敷市本町8－8☎086・427・1147。10時～18時。月曜休。http://www.heisuiken.co.jp

大原美術館

名作絵画をモチーフにしたオリジナルグッズが揃う、ミュージアムショップで見つけたのは、モネの《睡蓮》をモチーフにしたすいれんハンカチ740円。●岡山県倉敷市中央1－1－1☎086・422・0005。9時～16時30分最終入館。月曜（祝日を除く）・年末休。ショップは入館料不要。

日本郷土玩具館

米蔵を改装した展示館とショップのほかカフェ、ギャラリー併設。写真の首振り虎・兎、お福さん、素隠居《すいんきょ》さんなどの倉敷張子2,730円～。●岡山県倉敷市中央1－4－16☎086・422・8058。9時～17時（ショップ～18時30分）。1月1日休。入館料400円（ショップは無料）。http://gangukan.jp

倉敷国際ホテル

大原總一郎の意向により、浦辺鎮太郎の設計で1963年開業。ロビー吹き抜けの2階・3階には、棟方志功に制作依頼した全長13mの板壁画《大世界の柵〈坤《こん》〉人類より神々へ》が。●岡山県倉敷市中央1－1－44☎086・422・5141。1室1名10,395円～。http://www.kurashiki-kokusai-hotel.co.jp

郷土料理 浜吉《はまよし》

ハレの日や客に振る舞われた岡山の伝統的なばらちらし寿司に、名物のままかりを加えた倉敷風祭り寿司1人前2,100円（要予約、写真は3人前）。●岡山県倉敷市阿知2－19－30☎086・421・3430。11時30分～14時、17時～22時。月曜休（祝日を除く）。http://www.hamayoshi-kurashiki.jp

猫村さんの旅じたく 6

編集長さんからおやつ用のおこづかいをもらって駅の売店でおやつを買うのが楽しみです

このクッキー新作ですって

日本全国
古い建物めぐり。

猫村さん日本中のいい物沢山見たらきっと猫村さんのお仕事にも役立つわよ
日本の建築の取材一緒に行かないっ？
そ、それって出張って事ですの？！
猫村さん、今回の出張、お茶室をじっくり見学するみたいですからお茶のお点前ちょっと勉強した方がいいかもしれませんね
茶
あら、いつものじゃやっぱりぬるすぎるかしら！！

まーお茶って決まり事が沢山あるんですわね！
かた苦しいだけじゃなくてリラックスして楽しむための作法でもあるのよ
WABI SABI
茶

あらっ私がいっつもいれてるお茶よりぬるいわっ!!
ちょっと苦いとこがお菓子にぴったりねー

新宮熊野神社　長床

新宮熊野神社 長床《ながゆか》

修験者が参籠修行・加持祈祷などを行う吹き放ちの建物・長床のうち、1085年建立と中世まで遡る唯一の遺構。重要文化財。●福島県喜多方市慶徳町新宮字熊野2258☎0241・23・0775。８時～16時。無休。拝観料300円。

向瀧

会津東山温泉 向瀧《むかいたき》

江戸中期から続く旅館〈会津東山温泉 向瀧〉。明治～昭和初期の日本建築と、源泉掛け流しの温泉が堪能できる。国登録有形文化財。●福島県会津若松市東山町大字湯本字川向200 ☎0242・27・7501。http://www.mukaitaki.com/

中尊寺 金色堂

藤原清衡《きよひら》が1124年に建立。全体に金箔が貼られ、細部には緻密な螺鈿《らでん》細工や金蒔絵。国宝。
●岩手県西磐井郡平泉町衣関202☎0191・46・2211。8時～16時50分（11月～2月は8時30分～16時20分）最終受付。無休。拝観料800円。

編集長と猫村さんがまず向かったのは東北地方、11世紀後半建立の〈新宮熊野神社 長床〉からスタート。喜多方や会津を散策後、〈会津東山温泉 向瀧《むかいたき》〉で1泊したら2日目は一路北上、世界文化遺産の奥州平泉へ。国宝〈中尊寺金色堂〉や、平安時代の遣水《やりみず》の完全な遺構が日本で唯一残る〈毛越《もうつう》寺《じ》〉を見学。毛越寺では毎年5月の第4日曜日、平安時代さながらの「曲水の宴」が催されます。

3日目・4日目は古都・奈良へ。〈唐招提寺〉では〈金堂〉を見学。〈御影堂《みえいどう》〉に安置されている鑑真《がんじん》大和上《だいわじょう》坐像は毎年、6月5日～7日の開山忌に一般公開される。約1km四方の広大な遺跡〈平城宮跡〉でも〈第一次大極殿〉を見学したり、復元された〈朱雀門〉を見上げたり。

たくさんの鹿と出会える奈良公園内の〈東大寺〉では、大仏殿の毘盧遮那《びるしゃな》仏はもちろん、南大門の運慶・快慶による仁王像や三月堂（2013年3月まで東大寺ミュージアム）の日光・月光菩薩像な

毛越寺 遣水
編集部もこんなだったら優雅よねー
原稿流すわよー
もーっと イロイロ100…

毛越寺《もうつうじ》庭園

平安時代の姿を残す、奥州藤原家の浄土庭園。優美な輪郭の池に、四季の表情豊かな周辺環境が映り込む。●岩手県西磐井郡平泉町字大沢58☎0191・46・2331。8時30分～17時（冬季～16時30分）。無休。拝観料500円。

どをじっくり見仏。〈法隆寺〉では金堂・五重塔がある西院伽藍、〈夢殿〉や〈中宮寺〉のある東院伽藍のほか、百済観音像を展示する〈大法蔵院〉を見学。

日本有数のクラシックホテル〈奈良ホテル〉では桃山御殿風檜造りの本館客室に宿泊しました。

5日目は古代から近代まで、数々の神話や伝説を生み続けてきた島根県へ。

まずは〈出雲大社《いづもおおやしろ》〉で、古式にのっとり「二礼四拍手一礼」の参拝を。平成の大遷宮のため、2013年5月まで参拝は仮殿で。本殿以外の建物も、16年まで修造が続きます。

午後は松江に移動して、国重要文化財〈松江城〉を起点に7代松江藩主・松平治郷＝不昧《ふまい》公ゆかりの茶室〈普門院 観月庵〉を訪問。

こうして、駆け足で日本全国の古い建物を見学して回った猫村さん。いつかは編集長のような日本建築通にならなくちゃ、と張り切りながら、編集部でお抹茶を点てるのでした。

唐招提寺

唐僧鑑真の開基。2009年に解体修理が完成した金堂、平城宮朝集殿を移築造した講堂は奈良時代の遺構。国宝・世界遺産。●奈良県奈良市五条町13－46☎0742・33・7900。８時30分～16時30分最終受付。無休。拝観料600円。

平城宮跡

1998年復元の朱雀門と東院庭園に続き、奈良建都1300年に当たる2010年、第一次大極殿が実物大で復元された。●奈良県奈良市佐紀町☎0742・30・6753。９時～16時最終入園。月曜・年末年始休。入場無料。

大仏様って大きいですわねぇー
それにあの髪の毛！
やっぱり大きいカーラー使ってらっしゃるのかしら？
猫村さん、あれは螺髪って言ってうず巻きになってるの
966個もあるんですって

東大寺大仏殿

東大寺

聖武天皇の発願により建立。大仏殿は江戸時代中期の再建。国宝・重要文化財・世界遺産。●奈良県奈良市雑司町406－1☎0742･22･5511。7時30分～17時30分（11月～3月は8時～、3月・10月は～17時、11月～2月は～16時30分）。無休。拝観料：大仏殿・法華堂・戒壇堂各500円。

その穴、大仏様の鼻の穴と同じ大きさなんですって
ちょっと失礼して…
はっ鹿!!

法隆寺

法隆寺

聖徳太子が7世紀前半に建立。西院伽藍は飛鳥時代に建立された金堂・五重塔を中心に構成される。国宝・世界遺産。●奈良県生駒郡斑鳩町法隆寺山内1－1☎0745･75･2555。8時～17時（冬季～16時30分）。拝観料1,000円。

こういう所で住むのも良さそうね…
ワインお持ちしましたよー

奈良ホテル 朝ごはん

奈良ホテル

日銀本店や東京駅を設計した辰野金吾による和洋折衷の本館は、2009年に開業100年を迎えた。緑茶で炊いた朝食の「茶粥定食」が名物。●奈良県奈良市高畑町1096☎0742・26・3300。http://www.narahotel.co.jp/

奈良界隈 MAP

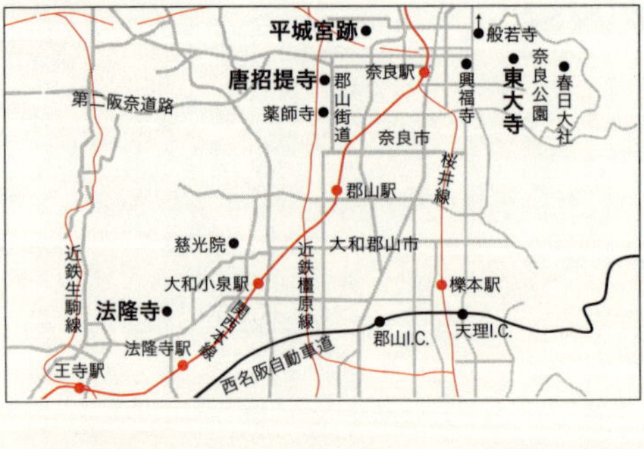
平城宮跡
般若寺
奈良駅
唐招提寺
郡山街道
興福寺
東大寺
奈良公園
春日大社
第二阪奈道路
薬師寺
奈良市
桜井線
郡山駅
慈光院
大和郡山市
近鉄生駒線
近鉄橿原線
大和小泉駅
櫟本駅
法隆寺
関西本線
郡山I.C.
天理I.C.
法隆寺駅
西名阪自動車道
王寺駅

十月になったらここに日本中の神様が集まるのよ
わぁ〜大きいですわね!!

平安時代の出雲大社は高さが48メートルもあったかもしれないんですって
お空の雲に届きそうですわね!

獅子頭
しあわせの鈴
チリーン

出雲大社

出雲大社

『古事記』にもその名が残り、過去には高さ48mを誇る壮大な社殿も存在したという。2008年より60年に1度の大遷宮が行われている。国宝。●島根県出雲市大社町杵築東195☎0853・53・3100。6時〜20時。無休。境内自由。

普門院 観月庵

普門院 観月庵

不昧《ふまい》公として知られる茶人、7代松江藩主・松平治郷が通った茶室〈普門院 観月庵〉。1801年に建てられ、小泉八雲も茶を点てた。●島根県松江市北田町27☎0852・21・1095。10時〜16時。火曜・荒天時休。拝観料300円。

どうぞお楽になさって下さい
あら、じゃ、ちょっと失礼して
ゴロン
猫はいいわね…
私はさすがに…

猫村さ〜ん会議始まるんでお茶早くお願いします〜
は〜い楽〜にして待ってて下さいね〜
シャカシャカ
シャカシャカ
シャカシャカ
こないだの出張からお茶が変わったね…
なんか影響うけたらしいよ

猫村さんの旅じたく7

デジカメはたくさん写真が撮れるので便利ですが好きな物を見つけるとそればっかり撮ってしかられることがあります
猫村さんっ
かたつむりは関係ないでしょ
はい すみません

走るホテル
「カシオペア」。

特急券・A寝台券
上野 ➡ 札幌
(16:20発)
(9:32着)
3月 2日 カシオペア号
1号車 2番 個室
カシオペアスイート
C35
¥56,860
2人用
内訳:特5,880 ・寝50,980
(2-タ)
1446S001
24.-2.20
16459201
13596 WK6DWJ
01
19034-733

はじめてのカシオペア

猫村さん 今月、編集部、全然予算がないのよっ!
節約ですわねっ 編集長さんっ!
そう、それよっ!! だからっ!

一人で出張に行って来てほしいのっ!
ええっ!! 私一人でっ

私、お買い物も
おつかいも一人で
行けるけど
お泊まりの出張
なんてできるかしら…
Neco

だめよ！こんなんじゃ！
しっかり行って
ちゃんと取材しなきゃ！
ギュッ！

景色を見ながらダイニングカーで朝ごはん
時計台の鐘が聞こえる駅
JR札幌駅
札幌駅
到着!!
取材ノートにスタンプをポンッ!
ゴール
札幌
洞爺
登別
函館
盛岡
一ノ関
仙台
福島
スタート
上野
ダイニングカーでディナーをいただきました
シャワー
外に出て撮影
ミトミさんに見送ってもらいました
ちょっと不安なのよ
NECO
CASSIOPEIA

取材ノートにスタンプをポンッ!!
上野駅
ようこそ上野駅へ
上野駅

いよいよ、初めて1人で出張することになった猫村さん。さっそく取材に出かけたのは、これもまた初めての寝台特急カシオペア。快適な「走るホテル」に上野から札幌まで乗り、漫画と文章でレポートしてもらいました。

ドアを開けると階段があります
下は寝室です

寝る時着る浴衣もあります

ホームがすぐそこに見える
わっ！
寝室

寝台特急カシオペアの、私のお部屋は1号車のスイートルームで、2階建てになっていまして、1階はベッドが2つあり、すぐに寝たくなりました。

窓はちょうどホームと同じくらいの高さなので、猫はしゃがむからよくこういう景色を見ますが、人の目から考えるとだいぶ低いので面白いです。

2階はリビングルームになっていて、テレビもあり、なんとおトイレもシャワーもあります。キャビネットをパタンと開けるとカラクリのように洗面台が登場します。狭い場所を快適に使えるよう、いろんな工夫がされているのでした。

探検して12号車まで歩いたらくたびれました。他のお部屋もちらっと覗くと、それぞれ素敵でした。

ラウンジカーは景色が広々として、朝日を見たら素敵だろうなぁと思ったのですが、1号車からは遠すぎてうっかり行きそびれました（お寝坊しました）。

ダイニングカーは私のお部屋からは近くてラッキーでした。夕食

シャワーは十八分間使えます
お手洗はこちら側に
キャビネットを開けると
洗面台が登場!!

アテンダントさんがウエルカムドリンクを持ってきて下さいました
どうぞー
お酒は編集長さんにお土産にしましょ

Menu

あら便利!
シャンプーやブラシや歯ブラシなどのセットもありました

の後にはダイニングカーではパブタイムというのがあって、お酒を楽しんだり、カレーなどを注文したりできるそうです。夜ごはんのフランス料理はコースで、盛りつけも美しくて特別なお料理でした。揺れる列車でのお給仕は大変ですね、とキャビンアテンダントさんに言うと「足腰が鍛えられます」とおっしゃってました。

列車に泊まりがけで、お客さんが起きるより早く朝の準備をなさるので大変ですが、朝にはきちっとした格好で、笑顔で飲み物を持って起こしに来てくださいました。

朝食を食べるころには北海道を走っていて、雪景色がとっても綺麗でした。分厚い時刻表を持った男の人が一人で乗ってられました。カップルの方や家族連れも多く、みなさんの特別な思い出になったと思います。

私はお食事のときと寝るとき心細くなりましたが、景色が綺麗だったのと列車の方が親切でしたし、お部屋が快適でよく眠れたのでうんと良い思いをした出張でした。

ラウンジカーでは景色を楽しみました
山！海！

景色がよく見えるわ～
上はゆったりソファーはベッドにもなります

皆さんへのお土産にスケルトントランプを買いました。

カシオペア

上野～札幌を結ぶJR東日本の寝台特急列車。猫村さんが乗ったのはカシオペアスイートのメゾネットタイプ。●運賃17,930円、特急料金2,940円、寝台料金13,350円～。個室を１人利用の場合２人分の寝台・特急料金が必要。

取材ノート
寝台特急カシオペアは
いつも乗る列車と全然
違いました。
まるでホテルのように
フランス料理を
食べたり
ベッドで眠ったり、
シャワーも
テレビも
あります

初めは
きんちょう
しすぎて
きっと眠れないと
思っていましたが
列車にゆら
れてすぐに
ぐっすり眠れました。
お寝坊さん
したのでうっかり
日の出は見ら
れませんでした
が朝日はきれい
でした。

ダイニングカーではゆれて
お料理を運ばれるアテンダント
さんは大変
そうでした。
でもプロは
こぼさないのですごいです。
コックさん達は朝
四時には
おきて仕事なさる
そうです。

私もあんな制服を
着て働けたらステキ
だなあと
思います。
でもゆれる乗り物に
乗ったらすぐ眠たく
なりますので
きっとすぐクビに
なります

とてもぜいたくでステキな
出張でしたが寝る時に
編集部の皆さんの事を
思い出しました。
皆さんと
一緒だったら
もっともっと
楽しかったでしょう。

いつか皆さんと一緒に
出張できるように
私もしっかり
お勤めしよう
と
思いました。
ギュッ
札幌駅
北海道は
雪で真っ白でした。
ーおわりー

猫村さんの旅じたく8

電車の中で取材のメモをまとめる時もあるけど・・・

乗り物に乗ったらついつい眠ってしまいます

初出

『カーサ ブルータス』

2006年９月号 「カーサの猫村さん」はじめての出張スペシャル
（文・平塚桂、ミトミアキオ　地図・尾黒ケンジ）

2007年１月号 「カーサの猫村さん」大熊猫村スペシャル
（写真・徳永彩　文・原口純子）

2007年９月号 「カーサの猫村さん」出張スペシャル その２
（文・ミトミアキオ　地図・尾黒ケンジ）

2008年１月号 「カーサの猫村さん」どうぶつスペシャル　猫村さんと行くニュースな動物園、水族館
（写真・徳永彩　文・ミトミアキオ）

2008年５月号 「カーサの猫村さん」おつかいスペシャル in 銀座
（写真・金玖美　文・ミトミアキオ）

2009年１月号　猫村さんと行く民藝の街・松本
（写真・森本美絵　文・坂本愛　地図・尾黒ケンジ）

2009年５月号　猫村さんと行く築地市場。働くおじさんが素敵な街です。
（写真・伊藤徹也　文・坂本愛　地図・尾黒ケンジ）

2009年11月号 「カーサの猫村さん」ぶらり城下町スペシャル
（文・ミトミアキオ）

2010年９月号　猫村さんと行く倉敷・高松「小さな美術館」の旅
（写真・森本美絵　文・ミトミアキオ）

2012年５月号 「カーサの猫村さん」スペシャル　はじめてのカシオペア

ほしよりこ

1974年生まれ。関西在住。
2003年7月より「きょうの猫村さん」をネット上で1日1コマ更新。
(現在は「猫村.jp」にて継続中。 http://www.nekomura.jp)
2005年7月に初の単行本『きょうの猫村さん１』を出版して、日本中の老若男女を虜に。
2005年10月号『カーサ ブルータス』より「カーサの猫村さん」がスタート。
2015年には『逢沢りく』で手塚治虫文化賞マンガ大賞を受賞。
著書に、『きょうの猫村さん』『カーサの猫村さん』シリーズのほか
『僕とポーク』『山とそば』『B&D』がある。

カーサの猫村さん　旅の手帖

2012年４月26日　第１刷発行
2017年４月４日　第３刷発行

著者　ほしよりこ

発行者　石﨑 孟
発行所　株式会社マガジンハウス
〒104-8003　東京都中央区銀座3-13-10
電話　受注センター　049-275-1811
編集部　03-3545-7120
印刷所
製本所　凸版印刷株式会社

CASA BOOKS
編集人　松原 亨
編集　ミトミアキオ
デザイン　有山達也＋岩渕恵子（アリヤマデザインストア）

ISBN978-4-8387-2439-0　C0095

ほしよりこの本

好評発売中

『きょうの猫村さん 1〜9』 1〜6巻 各1143円 7〜9巻 各1200円

わけあって立派なお屋敷の犬神家でご奉公することになった
猫村ねこの家政婦ぶりが、日本全国の老若男女の心をわしづかみに！
鉛筆一本でつむぎだす大人気漫画シリーズ。

文庫『きょうの猫村さん 1〜6』 1巻 650円 2〜4巻 各590円 5〜6巻 各600円

各描き下ろしカラーカット付き！

『僕とポーク』 952円

「ブーちゃんを何より必要としていたのは僕でした」。泣くもよし笑うもよし。
ほしワールド全開の傑作短篇集。表題作ほか3篇収録。

『カーサの猫村さん 1〜3』 1〜2巻 各1238円 3巻 1250円

ユニークなスタッフが揃う『カーサ ブルータス』の編集部で、
八面六臂の働きぶりを見せる猫村さんのお茶目な日常にもう夢中！

『B&D』 1100円

「おいっ！ ちっかりちろよっ！」
舌足らずながら大人たちと対等につき合う
天才児チィチィ（3歳）のほほえましい日常を描く！

＊価格はすべて税別です。